高等学校应用技术型经济管理系列教材（会计系列）

高等学校应用型经济管理规划教材

总主编／李雪　主审／徐国君

U0754016

小企业会计学习指导书

Study Guide to Accounting of Small-sized Enterprises

（第二版）

孙美杰◎主编

蔡素兰　高金清◎副主编

立信会计出版社
LIXIN ACCOUNTING PUBLISHING HOUSE

图书在版编目(CIP)数据

小企业会计学习指导书 / 孙美杰主编. —2 版. —
上海:立信会计出版社,2019.3(2021.7 重印)
高等学校应用技术型经济管理系列教材. 会计系列
ISBN 978 - 7 - 5429 - 6119 - 8

Ⅰ. ①小… Ⅱ. ①孙… Ⅲ. ①中小企业-会计-高等
学校-教学参考资料 Ⅳ. ①F276.3

中国版本图书馆 CIP 数据核字(2019)第 056656 号

策划编辑　方士华
责任编辑　方士华　孙　勇
封面设计　南房间

小企业会计学习指导书(第二版)

XIAOQIYE KUAIJI XUEXI ZHIDAOSHU

出版发行	立信会计出版社		
地　　址	上海市中山西路 2230 号	邮政编码	200235
电　　话	(021)64411389	传　　真	(021)64411325
网　　址	www.lixinaph.com	电子邮箱	lixinaph2019@126.com
网上书店	http://lixin.jd.com		http://lxkjcbs.tmall.com
经　　销	各地新华书店		

印　　刷	常熟市华顺印刷有限公司	
开　　本	787 毫米×1092 毫米	1/16
印　　张	9.75	
字　　数	241 千字	
版　　次	2019 年 3 月第 2 版	
印　　次	2021 年 7 月第 2 次	
印　　数	2 101—3 200	
书　　号	ISBN 978 - 7 - 5429 - 6119 - 8/F	
定　　价	25.00 元	

如有印订差错,请与本社联系调换

总　序

教材是高校实现人才培养目标的重要载体,教材及教材建设对高校发展具有举足轻重的作用。与培养模式相对应的教材是培养合格人才的基本保证,是实现培养目标的重要工具。由于历史的原因,在财经类教材的出版方面,相关出版社出版研究型本科或者高职高专、中等职业等层次的教材较多,也较成熟,而在应用技术型本科教材出版上比较欠缺,虽然近年来也出版了一些这方面的教材,但总体而言,还是缺乏权威性、普适性、实用性、创新性的财经类应用技术型本科教材。造成这种状况的原因主要在于:出版社对财经类应用技术型本科教材的出版还不够重视,没有进行有效的组织;财经类应用技术型本科院校多为新建院校,教材建设相对滞后,主观上也较愿意使用研究型本科教材;在教材使用中存在比较严重的混用现象,教材的目标读者群不明确,不少教材既适用于研究型本科又适用于应用技术型本科,或者既适用于本科又适用于高职高专。

由于目前应用技术型教材种类和数量匮乏或质量欠佳,使得应用技术型本科不得不沿用传统研究型教材,比如东北财经大学会计系列教材(包括《基础会计》《中级财务会计》《管理会计》《高级财务会计》《审计》等),中国人民大学会计系列教材(如《成本会计》),教育部统编教材(如《财务管理》)等国家级规划教材。这些教材本身的质量很好、级别很高,但是并不适用于应用技术型本科的教学,教师和学生普遍反映不好用。即使从全国范围看,也还没有相对成套、成熟的适合应用技术型高校使用的教材,不适应教育教学要求。存在的主要问题包括:①教材的定位和要求较高;②教材的内容多、难度大;③教材着重于理论解释,相关案例、实训等内容较少,缺乏普适性、实用性。所以,需要编写适应学生水平、便于学生接受的应用技术型教材。

我们组织具有多年应用技术型人才培养经验的优秀教师和实务界专家编写了这套教材。本套系列教材由《基础会计》《中级财务会计》《成本会计》《管理会计》《财务管理》《审计学原理》《审计实务》《审计基础与实务》《税法》《经济法》《西方经济学》《金融学》等构成。为了保证教材的质量,本套系列教材聘请了著名高校的专家、教授对本套教材编写进行专门指导和审核。每本教材至少有一名本学科的知名专家或学科带头人提出审核指导意见,至少有一名高等院校教学一线的高级职称教师参与组织编写,至少有一名行业协会、实务界专家和教学研究机构人员提出编写建议。

本套系列教材的特色如下。

1. 应用性

应用技术型本科的教材建设应坚持培养应用技术型本科人才的定位,充分吸收和借鉴传统的普通本科教材与高职高专类教材建设的优点和经验,以就业为导向,做到理论上优于高职高专类教材、动手能力的培养上优于传统的本科院校教材。

本套系列教材体现了应用技术型本科的定位,体现了素质教育和"以学生发展为本"的教育理念,遵循了高等教育教学基本规律,重视知识、能力和素质的协调发展,根据应用技术型人才培养模式对学生的创新精神、实践能力和适应能力的要求,在内容选材、教学方法、学习方法、实验和实训配套等方面突出了应用性特征。

2. 针对性

本套系列教材的编写符合会计学、财务管理和审计学专业的培养目标、培养需求、业务规格(知识结构和能力结构)和教学大纲的基本要求,与各专业的课程结构和课程设置相对应,与课程平台和课程模块相对应。本套系列教材在结构的布局、内容重点的选取、示例习题的设计等方面符合教改目标和教学大纲的要求,把教师的备课、试讲、授课、辅导答疑等教学环节有机地结合起来。

3. 先进性

本套系列教材反映了应用技术型会计人才教育教学改革的内容,能够反映学科领域的新发展。本套系列教材的整体规划、每一种教材构造等均体现了实用性和创新性。本套系列教材还强调了系列配套,包括了教材、学习指导书、教学课件等。

4. 基础性

本套系列教材打破传统教材自身知识框架的封闭性,尝试多方面知识的融会贯通,注重知识层次的递进,体现每一门科目的基本内容,同时,在具体内容上突出实际运用知识的能力,使本套系列教材做到"教师易教,学生乐学,技能实用"。

5. 易于自学性

自学能力的培养是高等教育应该教授给学生的一项基本能力。只有具备了自主学习的能力,才能最终建立起终身学习的保障体系,这也是应用技术型本科人才培养的客观要求。应用技术型高校的生源素质与其他高校相比存在较大差距,除一部分高考发挥失误的学生外,有相当一部分学生在学习习惯、基础知识等方面存在一定的欠缺,这要求本套系列教材要能调动这部分学生的学习积极性,在理论方面尽量通俗易懂,实践方面尽量采用案例式教学。为了有利于学生课后自主学习,本套系列教材配套了学习指导书和教学课件。

因此,本套系列教材的定位和特色把握准确,教材的特色明显,适用于应用技术型高等学校教学,容易得到学生和市场的认可,便于学生的自学和教师的教学。

高等学校应用技术型经济管理系列教材(会计系列)凝聚了众多领导、教授和专家多年来的经验和心血。当然,由于我们的经验和人力有限,教材中难免存在不足,我们期待着各位同行、专家和读者的批评指正。我们将随着经济发展和会计环境的变迁不断修订教材,以便及时反映学科的最新发展和人才培养的最新变化。

本套系列教材出版后,得到学生和市场的认可,深受广大读者欢迎。为了更好地回馈读者,本套系列教材从2017年起启动第二版的修订工作,各种教材的第二版将陆续出版。我们会一如既往地做好教材修订和相关服务工作,希望广大读者对本套系列教材给予支持。

李 雪

2019 年 3 月

第二版前言

本书是高等学校应用技术型经济管理系列教材(会计系列)《小企业会计》的配套学习指导书。具有应用性、针对性、先进性、基础性、易于自学性的特点。本书既可作为高等财经院校财务会计教学的辅助教材,也可作为企业管理人员学习财务会计的参考用书。

本书根据《小企业会计》教材及教学大纲的要求,设计了各章重点与难点的讲解,在讲解的过程中配有相关典型例题。本书每章配有练习题并提供了相应的参考答案。

《小企业会计学习指导书》分为三个部分,第一部分为"学习指导及思考与练习",其中,每章下设"本章基本内容框架""重点、难点讲解及典型例题""思考与练习";第二部分为"思考与练习参考答案";第三部分为"模拟试题及参考答案"。

本书具有以下特点。

(1)以国际会计惯例为依据,所依据的会计规范是最新的国际会计准则和我国最新的小企业会计准则,体现了会计准则最新动态。

(2)重点突出会计实务,习题坚持突出理论联系实际,体现实际操作能力,重视知识、能力和素质的协调发展。

(3)案例的设计体现综合性和超前性,使学生通过练习能更多地接触会计实务,提高分析和解决问题的能力。

(4)注重对重点难点的讲解,借助丁字账户、图、表等工具进行讲解,图文并茂,通俗易懂。

(5)习题形式多样。既有客观题,也有大量的案例题和业务题,涵盖面广,可以考查学生综合分析和解决问题的能力。

(6)重视对知识点的总结,并运用知识点对比的方式,便于掌握记忆。

本书由孙美杰任主编,蔡素兰、高金清任副主编,有多位优秀教师和实务界专家参编,参编人员中有副教授、高级会计师、注册会计师及会计师等,参编人员构成的优势为本书的编写打下坚实基础。

本书具体编写分工如下。第一部分及第二部分相关章节分工为:第一章概述(武娟、高金清),第二章流动资产(孙美杰),第三章非流动资产(孙美杰),第四章负债(高杉、王庆),第五章所有者权益(蔡素兰),第六章收入(刘艳),第七章费用(孙美杰、方叙林),第八章利润及利润分配(蔡素兰),第九章外币业务(韩真真),第十章财务报表(高金清);第三部分模拟试题及参考答案(孙美杰)。

本书在编写的过程中参考了大量相关教材和论著,在此向有关作者致以深深的谢意!

本书的编写先后经过多次讨论研究,力求内容编排合理、避免错误,但难免存在考虑不周、表达不妥当的地方,书中疏漏不足之处,敬请读者批评指正。

编　者

2019 年 3 月

目　录

第一部分　学习指导及思考与练习

第二部分　思考与练习参考答案

第三部分　模拟试题及参考答案

第一部分 学习指导及思考与练习

第一章 概 述

 本章基本内容框架

小企业会计准则的意义
- 《小企业会计准则》制定的背景和意义
- 《小企业会计准则》的适用范围
- 《小企业会计准则》的执行

小企业会计准则的特点
- 《企业会计准则》和《小企业会计准则》的比较
- 《小企业会计准则》的特点
- 小企业会计机构的设置

小企业会计要素的构成
- 反映财务状况的要素：资产、负债、所有者权益
- 反映经营成果的要素：收入、费用、利润

小企业会计科目的设置
- 设置原则
- 会计科目

小企业会计核算的基本程序
- 会计确认
- 会计计量
- 会计记录
- 会计报告

小企业会计的核算方法
- 设置账户
- 复式记账
- 填制和审核会计凭证
- 登记会计账簿
- 成本计算
- 财产清查
- 编制财务报表

重点、难点讲解及典型例题

一、小企业会计准则的意义

1. 小企业的界定

小企业是指符合国家四部委《中小企业划型标准规定》所规定的小型企业标准的企业。《中小企业划型标准规定》是根据《中华人民共和国中小企业促进法》和《国务院关于进一步促进中小企业发展的若干意见》(国发〔2009〕36 号)制定的。

2. 小企业会计准则的意义

《小企业会计准则》的制定有利于促进小企业的健康发展,其重要意义体现在以下几个方面:有利于健全企业会计准则体系;有利于加强税收征管、促进小企业税负公平;有利于加强小企业的内部管理、防范小企业贷款风险;为小企业的发展提供了制度空间。

3.《小企业会计准则》的适用范围

《小企业会计准则》适用于在中华人民共和国境内设立的、同时满足下列三个条件的企业(即小企业):不承担社会公众责任;经营规模较小;既不是企业集团内的母公司也不是子公司。它不适用于股票或债券在市场上公开交易的小企业、金融机构或其他具有金融性质的小企业、企业集团内的母公司和子公司。

4. 已经执行《小企业会计准则》,需要转为执行《企业会计准则》的情况

需要公开发行股票和债券的小企业,因经营规模或企业性质变化导致不符合小型企业标准而成为大中型企业或金融企业的,应当从次年 1 月 1 日起转为执行《企业会计准则》。

需要注意的是:已执行《企业会计准则》的上市公司、大中型企业和小企业,不得转为执行《小企业会计准则》。

5. 小企业可以选择执行《企业会计准则》的情况

完全符合小企业条件的企业,可以选择执行《小企业会计准则》,也可以选择执行《企业会计准则》。但是,不能同时执行两种会计制度。

按照《小企业会计准则》进行会计处理的小企业,发生的交易或者事项《小企业会计准则》未作规范的,应当根据《企业会计准则》相关规定进行处理;待财政部作出具体规定时,从其规定。

【例题 1·多项选择题】 小企业会计准则制定的意义包括(　　)。

A. 有利于健全企业会计准则体系

B. 有利于加强税收征管,促进小企业税负公平

C. 有利于加强小企业的内部管理,防范贷款风险

D. 为小企业的发展提供制度空间

【答案】 ABCD

【解析】《小企业会计准则》的制定有利于促进小企业的健康发展,其重要意义体现在以下几个方面:有利于健全企业会计准则体系;有利于加强税收征管、促进小企业税负公平;有利于加强小企业的内部管理、防范小企业贷款风险;为小企业的发展提供了制度空间。

二、小企业会计准则的特点

1. 简化了会计科目

小企业经济业务相对简单，一级会计科目设置明显较少。《小企业会计准则》比《企业会计准则》少设了 90 个一级科目。《小企业会计准则》科目共设置五类科目：资产类、负债类、所有者权益类、成本类、损益类。

2. 简化了部分业务的账务处理

考虑到小企业会计人员的知识结构以及企业规模特点，简化了部分业务的账务处理。原则：尽量与《企业所得税》的规定相一致；弱化会计业务的执业判断，强调业务的实际发生。例如，收入的判断。简化资产的核算，取消资产减值的确认及计量。

3. 简化了报表体系

兼顾报表使用者决策和编报的成本效益原则。小企业的财务报表进行了简化，不编制所有者权益变动表，只包括资产负债表、利润表、现金流量表和附注。

4. 消除了会计与税法差异

《小企业会计准则》制定的理念、框架结构、计价方法、核算原则等都充分考虑了税务部门和银行等企业外部会计信息使用者的需求，小企业部分会计要素核算与计价方法完全采取税法规定。

【例题 2·多项选择题】 以下属于《小企业会计准则》特点的是( )。

A. 简化了会计科目
B. 简化了部分业务的账务处理
C. 简化了报表体系
D. 消除了会计与税法差异

【答案】 ABCD

三、小企业会计要素的构成

小企业的会计要素是对核算对象的基本分类，如图 1-1 所示。

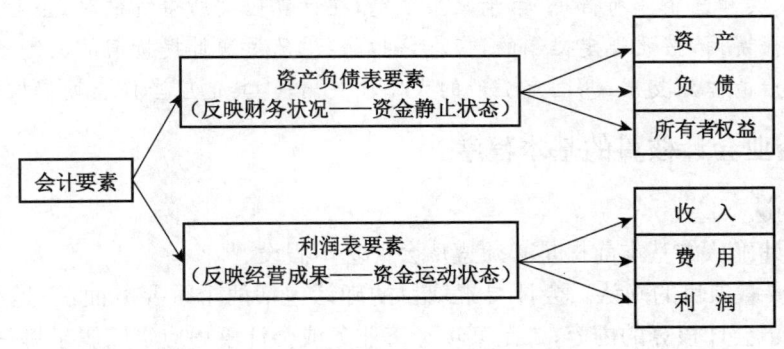

图 1-1 会计要素

四、小企业会计科目的设置

1. 小企业会计科目的设置原则

小企业经济业务相对简单,在其设置过程中应努力做到科学、合理、适用,并遵循以下基本原则。

(1) 在不影响对外提供统一财务会计报告的前提下,企业可以根据实际情况自行增设或减少某些会计科目。

(2) 明细科目的设置,除《小企业会计制度》已有规定外,在不违反《小企业会计制度》统一要求的前提下,企业可以根据需要自行确定。

(3)《小企业会计制度》统一规定了会计科目的编号,以便于编制会计凭证,登记账簿,查阅账目,实行会计电算化。企业不应随意打乱重编,某些会计科目之间应留有空号,供增设会计科目之用。

2. 小企业会计科目的类型

依据小企业会计准则中确认和计量的规定,小企业会计科目涵盖了各类小企业的交易或者事项。小企业应规范设置和使用会计科目,常用的会计科目按照资产、负债、所有者权益、成本、损益分成五大类。

【例题3·多项选择题】 下列项目中,既属于《小企业会计准则》,又属于企业所得税法规范的长期待摊费用核算内容的有(   )。

A. 已提足折旧的固定资产的改建支出

B. 固定资产的大修理支出

C. 经营租入固定资产的改建支出

D. 融资租入固定资产的改建支出

【答案】 ABC

【解析】《小企业会计准则》第四十三条规定,小企业的长期待摊费用包括:已提足折旧的固定资产的改建支出,经营租入固定资产的改建支出,固定资产的大修理支出和其他长期待摊费用等。

《中华人民共和国企业所得税》第十三条规定,在计算应纳所得税额时,企业发生的下列支出作为长期待摊费用,按照规定摊销的,应准许扣除:①已足额计提折旧的固定资产改建支出;②租入固定资产的改建支出;③固定资产的大修理支出;④其他应当作长期待摊费用的支出。

五、小企业会计核算的基本程序

1. 会计确认

小企业会计确认的基本前提是必须遵从会计基本假设。

(1) 会计要素项目的确认。会计要素项目的确认包括两个重要方面:一是经济业务或会计事项是否属于会计核算的内容;二是某项经济业务或会计事项应当归属于哪一个要素项目。

关于这两项确认的基本标准:一是必须符合会计要素的定义;二是该项经济业务或会计事项可以用货币进行计量。

(2) 会计要素时间的确认。时间确认的基本标准是按哪种会计核算基础来确认,即是按权责发生制还是收付实现制来确认交易或事项。小企业会计核算应当以权责发生制作为核算基础进行会计确认、计量和报告。

2. 会计计量

小企业会计应当以货币计量。会计计量通常以元、百元、千元、万元等为计量单位。

计量属性是指计量对象可供计量的某种特性和指标,如历史成本、重置成本、可实现净值、现值、公允价值等。小企业会计核算主要以历史成本作为会计计量属性。

3. 会计记录

会计记录是指各项经济业务经过确认、计量后,采用一定的文字、金额和方法在账户中加以记录的过程,包括以原始凭证为依据编制记录凭证,再以记账凭证为依据登记账簿。会计记录包括序时记录和分类记录。在记录的生成方式上又分为手工记录和电子计算机记录。

小企业应当采用借贷记账法记账。

4. 会计报告

财务报表是会计报告的主要表现形式。

小企业应当按照规定编制资产负债表、利润表和现金流量表,但不适宜编制合并财务报表。

六、小企业会计处理程序与核算方法(见图 1-2)

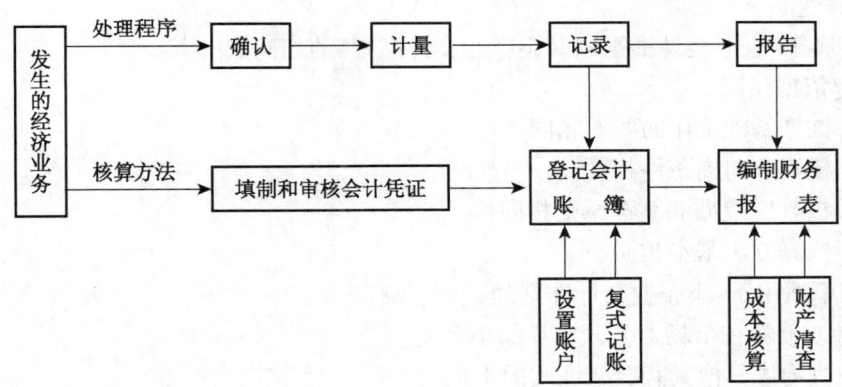

图 1-2　小企业会计的处理程序与核算方法

 思 考 与 练 习

一、单项选择题

1. 按照《关于印发中小企业划型标准规定的通知》(工信部联企业〔2011〕300 号)的规定,下列各项中,符合工业小企业标准的是(　　)。

A. 从业人数 20～300 人以下,营业收入 300 万～2 000 万以下

B. 从业人数 20～300 人以下,营业收入 300 万～6 000 万以下

C. 从业人数 20～100 人以下,营业收入 100 万～1 000 万以下

D. 从业人数 10～100 人以下,营业收入 100 万～2 000 万以下

2. 下列各项中,不属于《小企业会计准则》规范内容的是(　　)。

A. 利润及利润分配　　　　　　　　B. 非货币性资产交换

C. 外币业务　　　　　　　　　　　D. 财务报表

3. 下列各项说法中,不正确的是(　　　)。

A. 对小企业的长期股权投资统一采用成本法进行会计处理

B. 对小企业的长期债券投资,不再要求按照公允价值入账,对投资利息收入不要求按"实际利率法"进行核算

C. 对小企业融资租入固定资产的入账价值要求按照租赁开始日租赁资产公允价值与最低租赁付款额现值两者中较低者作为计量标准

D. 对小企业资本公积仅核算资本溢价(或股本溢价)

4. 下列各项中,不属于小企业应遵守的会计核算的基本前提的是(　　　)。

A. 会计主体　　　　　　　　　　　B. 持续经营

C. 货币计量　　　　　　　　　　　D. 历史成本

5. 下列会计科目中,小企业不需要设置的是(　　　)。

A. 短期投资　　　　　　　　　　　B. 预付账款

C. 坏账准备　　　　　　　　　　　D. 累计摊销

二、多项选择题

1. 以下属于《企业会计准则》和《小企业会计准则》的相同点的有(　　　)。

A. 制定依据相同

B. 会计核算基础工作的要求相同

C. 会计核算的前提条件相同

D. 会计核算应遵循的基本原则相同

E. 会计核算方法基本相同

2. 下列不适用于《小企业会计准则》的小企业有(　　　)。

A. 股票或债券在市场上公开交易的小企业

B. 金融机构或其他具有金融性质的小企业

C. 企业集团内的母公司和子公司

D. 既不是企业集团内的母公司也不是子公司

3. 下列各项中,按《小企业会计准则》规定不需要设置会计科目的有(　　　)。

A. 交易性金融资产　　　　　　　　B. 持有至到期投资

C. 长期股权投资　　　　　　　　　D. 存货跌价准备

4. 下列财务报表中,小企业编制的有(　　　)。

A. 资产负债表　　　　　　　　　　B. 利润表

C. 现金流量表　　　　　　　　　　D. 所有者权益变动表

5. 小企业部分会计要素核算与计价方法完全采用税法规定,其主要表现在(　　　)。

A.《小企业会计准则》要求对会计要素一般按历史成本计量,公允价值能够可靠取得的也可以按照公允价值计量

B.《小企业会计准则》要求,固定资产折旧年限和无形资产摊销期限的确定应当考虑税法的规定

C.《小企业会计准则》关于长期待摊费用的核算内容和摊销期限与企业所得税法保持一致

D.《小企业会计准则》规定所有资产不得计提减值准备

三、判断题

1. 执行《企业会计准则》的小企业，不得在执行《企业会计准则》的同时，选择执行《小企业会计准则》的相关规定。　　　　　　　　　　　　　　　　　（　　）

2.《小企业会计准则》所界定的小企业不同于《中华人民共和国增值税暂行条例实施细则》所界定的小规模纳税人。　　　　　　　　　　　　　　　　　　（　　）

3.《小企业会计准则》仅要求采用历史成本对会计要素进行计量。在资产计量方面，要求按照成本计量，不再对任何资产计提资产减值准备。　　　　　　　　　（　　）

4. 税务部门是小企业外部会计信息的主要使用者。　　　　　　　　　　　（　　）

5. 小企业在进行会计核算时，要遵循《企业会计准则——基本准则》的要求，按照《小企业会计准则》的规定，建账建制，加强会计基础工作。　　　　　　　（　　）

第二章 流动资产

 本章基本内容框架

资产概述 —— 资产的定义
资产的特征
资产的确认条件

货币资金的核算 —— 库存现金
银行存款
其他货币资金

短期投资的核算 —— 短期投资概述
短期投资的核算

应收及预付款项 —— 应收账款
应收票据
预付账款
其他应收款
坏账核算

存货的核算 ——
存货的初始计量

发出存货的计量 —— 先进先出法
月末一次加权平均法
个别计价法

发出存货的会计处理 —— 生产经营领用原材料
生产经营领用周转材料
销售的存货(销售原材料、销售商品/产成品)

存货毁损、盘盈、盘亏
计划成本法
消耗性生物资产

重点、难点讲解及典型例题

一、资产

资产是指小企业过去的交易或者事项形成的、由小企业拥有或者控制的、预期会给小企业带来经济利益的资源。

1. 流动资产

小企业的流动资产是指预计在1年或超过1年的一个正常营业周期中变现、出售或耗用的资产。

小企业的流动资产包括货币资金、短期投资、应收及预付款项、存货等。

2. 非流动资产

小企业的非流动资产是指不能在1年或者超过1年的一个营业周期内变现或者耗用的资产。主要包括长期投资、固定资产、生产性生物资产、无形资产、长期待摊费用等。

二、货币资金

货币资金是指小企业的生产经营资金在周转过程中处于货币形态的那部分资金。

(一) 库存现金

1. 库存现金的使用范围

在企业日常复杂的支出业务中,并不是都可以用现金来支付。现金的使用要严格遵循其使用规定。根据《库存现金管理暂行条例》的规定,库存现金的使用范围主要包括以下八个方面。

(1) 职工工资、津贴。

(2) 个人劳动报酬。

(3) 根据国家规定颁发给个人的科学技术、文化艺术、体育等各种奖金。

(4) 各种劳保、福利费用以及国家规定的对个人的其他支出。

(5) 向个人收购农副产品和其他物资的价款。

(6) 出差人员必须随身携带的差旅费。

(7) 结算起点(1 000元人民币)以下的零星支出。

(8) 中国人民银行确定需要支付现金的其他支出。

【例题1·单项选择题】 结算起点以下的零星支出,才能使用现金,结算起点是指(   )元。

A. 25 000   B. 1 000   C. 4 000   D. 1 500

【答案】 B

【解析】 结算起点1 000元以下的零星支出,才能使用现金。

2. **小企业随借随用、用后报销制度与定额备用金制度业务处理比较**(见表2-1)

表2-1   两种备用金管理制度业务处理方法比较

制度＼步骤	预 借	报 销	注 销
1. 随借随用、用后报销	借:其他应收款——×× 贷:库存现金	借:管理费用等 库存现金 【少花】 贷:其他应收款——×× (或贷:库存现金)【多花】	报销时已注销
2. 定额备用金	借:其他货币资金——备用金——×× 贷:库存现金	借:管理费用等 贷:库存现金 【补足】	年中取消或年终结算: 借:管理费用等 库存现金 【少花】 贷:其他货币资金——备用金——×× (或贷:库存现金)【多花】

3. 现金盘亏的会计处理(见图 2-1)

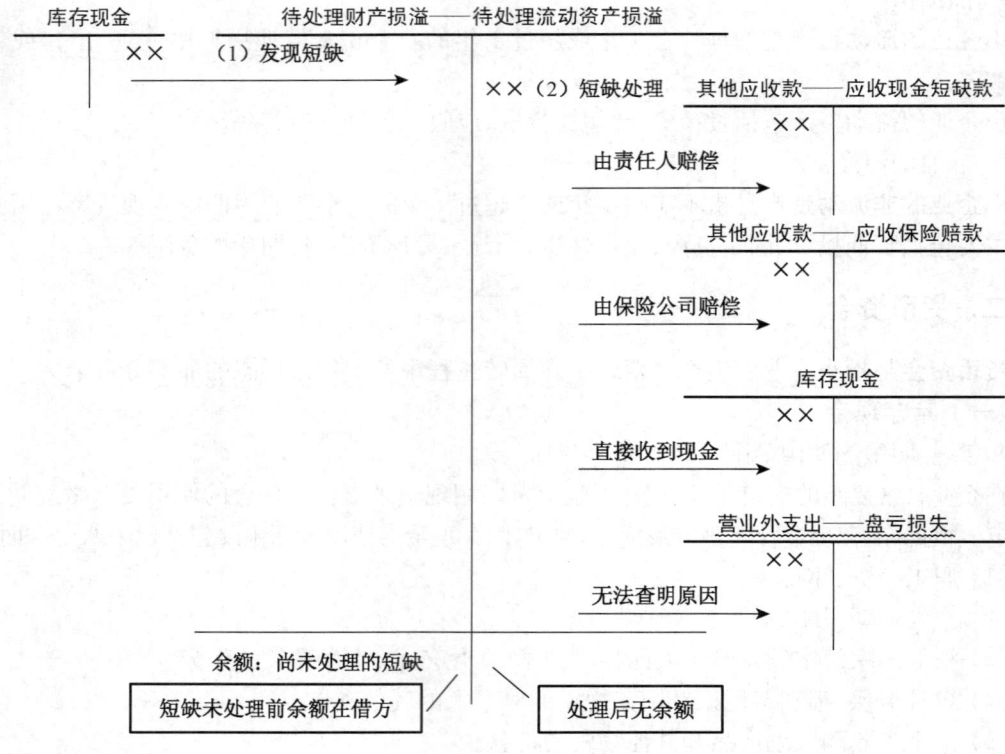

图 2-1　现金盘亏的会计处理

4. 现金盘盈的会计处理(见图 2-2)

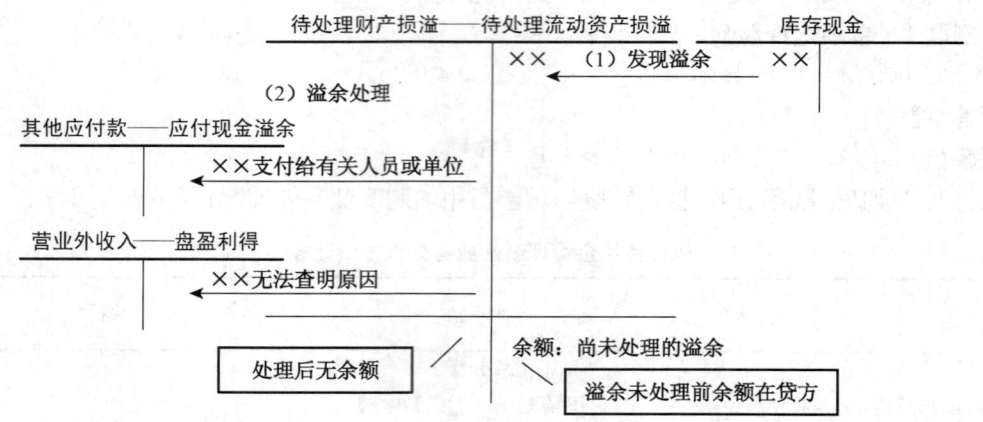

图 2-2　现金盘盈的会计处理

【例题 2·单项选择题】 小企业无法查明原因的库存现金盘盈,应( )科目。

A. 记入"其他业务收入"　　　　　　B. 记入"主营业务收入"

C. 记入"营业外收入"　　　　　　　D. 冲减"管理费用"

【答案】 C

【解析】 无法查明原因的库存现金盘盈,作为盘盈利得处理,经批准记入"营业外收入"科目。

【例题3·单项选择题】 小企业无法查明原因的库存现金盘亏,应记入(　　)科目。

A. "销售费用"　　　　　　　　B. "营业外支出"

C. "其他业务成本"　　　　　　D. "管理费用"

【答案】 B

【解析】《小企业会计准则》规定,无法查明原因的库存现金盘亏,经批准记入"营业外支出"科目。而《企业会计准则》规定,应记入"管理费用"科目。

(二)银行存款

1. 关于银行存款账户,需注意问题

(1)企业职工薪酬的支取只能通过基本存款账户。

(2)一个企业只能在一家银行开立一个基本存款账户,即一个企业只有一个基本存款账户。

(3)一个企业不得在同一家银行的几个分支机构开立一般存款账户。

【例题4·单项选择题】 以下可支付职工工资的账户是(　　)。

A. 一般存款账户　　　　　　　B. 基本存款账户

C. 专用存款账户　　　　　　　D. 临时存款账户

【答案】 B

【解析】 企业职工薪酬等现金的支取只能通过基本存款账户办理。

2. 银行存款余额调节表

(1)未达账项包括:

① 企业已收款记账,而银行尚未收款记账,即"企业已收,银行未收";

② 企业已付款记账,而银行尚未付款记账,即"企业已付,银行未付";

③ 银行已收款记账,而企业尚未收款记账,即"银行已收,企业未收";

④ 银行已付款记账,而企业尚未付款记账,即"银行已付,企业未付"。

(2)银行余额调节表的结构(见表2-2):

表2-2

银行存款余额调节表

2×19年12月31日

公司名称:华夏公司　　　　开户行:　　　　账号:　　　　　　　　　　单位:元

项　目	金额	项　目	金额
银行对账单余额		企业银行存款日记账余额	
加:企业已收,银行未收		加:银行已收,企业未收	
1.		1.	
2.		2.	
3.		3.	
银行误记、串记(少记)		企业误记(少记)	
减:企业已付,银行未付		减:银行已付,企业未付	

（续表）

项　目	金额	项　目	金额
1.		1.	
2.		2.	
3.		3.	
银行误记、串记（多记）		企业误记（多记）	
调整后余额		调整后余额	

（3）有关银行存款余额调节应注意的事项：

① 银行存款余额调节表不能作为原始凭证记账；

② 银行对账单不能作为原始凭证记账；

③ 调整后余额为企业银行存款的实有数。

【例题 5·单项选择题】 企业银行存款的实有数是指（　　　）。

A．银行对账单的余额

B.《银行存款余额调节表》调节后的余额

C．企业银行存款日记账的余额

D．以上都不对

【答案】 B

【解析】 《银行存款余额调节表》调节后的余额才是企业银行存款的实有数。

（三）其他货币资金的核算

其他货币资金主要核算小企业银行汇票存款、银行本票存款、信用卡存款、信用证保证金存款、外埠存款、备用金等其他货币资金。

【例题 6·单项选择题】 以下不通过小企业"其他货币资金"科目核算的是（　　　）。

A．银行转账支票　　　　　　　　B．银行汇票存款

C．存出投资款　　　　　　　　　D．信用卡存款

【答案】 A

【解析】 银行转账支票通过"银行存款"科目核算。

三、短期投资

1. 短期投资的定义

短期投资是指小企业购入的能随时变现并且持有时间不准备超过 1 年（含 1 年）的投资。

2. 小企业短期投资核算有关的会计科目

小企业短期投资核算有关的会计科目如表 2-3 所示。

表 2-3　　　　　　　　　　　**小企业短期投资核算有关的会计科目**

核算科目	科目性质	核算内容
短期投资	资产类	核算小企业短期投资的成本
应收股利	资产类	核算小企业应收取的现金股利
应收利息	资产类	核算小企业应收取的利息
投资收益	损益类	核算小企业持有短期投资期间取得的投资收益以及处置短期投资实现的损益

3. 核算注意的问题

小企业购入股票,如果实际支付的价款中包含已宣告但尚未发放的现金股利,应当按照实际支付的全部价款扣除已宣告但尚未发放的现金股利,借记"短期投资"科目,已宣告但尚未发放的现金股利记入"应收股利"科目。

四、应收款项的会计处理

(一)应收账款

应收账款是指小企业因销售商品或提供劳务等,应向购货单位或接受劳务单位收取的款项。

1. 应收账款的入账价值

(1)销售商品或提供劳务的价款。

(2)应收取的增值税销项税额。

(3)代购货单位垫付的包装费、运杂费等。

2. 应收账款的会计处理

商业折扣与现金折扣的区别如表 2-4 所示。

表 2-4 　　　　　　　　　　商业折扣与现金折扣的区别

折扣形式	目的	发生时间	处理方法
商业折扣	促销	一般在交易发生时	扣除商业折扣后的实际售价
现金折扣	鼓励债务人提前付款	赊销商品或提供劳务后	未扣除现金折扣前的金额

【例题 7·单项选择题】 发生的现金折扣应记入( )科目。

A."财务费用"　　　　　　　　　　B."销售费用"

C."管理费用"　　　　　　　　　　D."其他业务成本"

【答案】 A

【解析】 企业发生或享有的现金折扣,记入"财务费用"科目。销货方记入借方,采购方记入贷方。

3. 坏账的账务处理

小企业会计准则规定,小企业不得提前确认坏账损失,不得计提坏账准备,其坏账损失应当于实际发生时加以确认。按照损失金额,记入"营业外支出"科目,同时冲减应收款项。

确认应收账款实际发生的坏账损失,应当按照可收回的金额,借记"银行存款"等科目,按照其账面余额,贷记"应收账款"科目,按照其差额,借记"营业外支出"科目。分录如下:

借:银行存款　　　　　　　【可收回金额】

　　营业外支出　　　　　　【差额】

　　贷:应收账款　　　　　　【账面余额】

(二)应收票据

1. 核算注意的问题

商业汇票到期收款

① 到期正常收款。

借：银行存款
　　贷：应收票据

② 如为商业承兑汇票，到期无法收回货款，则将"应收票据"科目转入"应收账款"科目。

借：应收账款
　　贷：应收票据

2. 应收票据的会计处理

贴现：

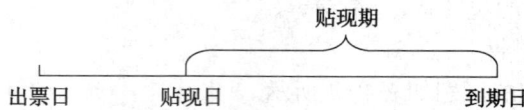

贴现所得额（实收额）＝ 票据到期值 － 贴现息
票据到期值 ＝ 票据面值 ＋ 票据利息
贴现息 ＝ 票据到期值 × 贴现率 × 贴现期
票据贴现期 ＝ 票据期限 － 持票期限

贴现期

出票日　　　贴现日　　　　　　　　　到期日

（三）预付账款的会计处理

企业应当设置"预付账款"科目，核算预付账款的增减变动及其结存情况。

预付账款方式购买材料物资的核算流程如图 2-3 所示。

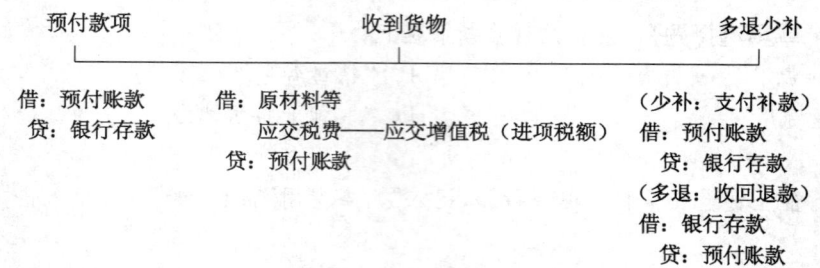

预付款项　　　　　　收到货物　　　　　　多退少补

借：预付账款　　　借：原材料等　　　　（少补：支付补款）
　　贷：银行存款　　　应交税费——应交增值税（进项税额）　借：预付账款
　　　　　　　　　　　　贷：预付账款　　　　　　贷：银行存款
　　　　　　　　　　　　　　　　　　　　（多退：收回退款）
　　　　　　　　　　　　　　　　　　　　借：银行存款
　　　　　　　　　　　　　　　　　　　　　贷：预付账款

图 2-3　预付账款方式购买材料物资的核算流程

预付款项情况不多的企业，可以不设置"预付账款"科目，而直接通过"应付账款"科目核算。无论采用哪个科目，核算的原则是自始至终均要采用该科目。

（四）其他应收款

其主要内容包括：

（1）应收的各种赔款、罚款。

（2）应收的出租包装物租金。

（3）应向职工收取的各种垫付款项。

（4）存出保证金，如租入包装物支付的押金。

（5）备用金（向企业各职能科室、车间、个人周转使用等拨出的备用金）。

（6）预付账款转入。

（7）其他各种应收、暂付款项。

五、存货

1. 存货的定义及核算内容

存货是指小企业在日常生产经营过程中持有以备出售的产成品或商品、处在生产过程中的在产品、将在生产过程或提供劳务过程中耗用的材料和物料等，以及小企业（农、林、牧、渔业）为出售而持有的或在将来收获为农产品的消耗性生物资产。

小企业的存货通常包括：原材料、在产品、半成品、产成品、商品、周转材料、委托加工物资、消耗性生物资产等。

【例题 8·多项选择题】　以下属于企业存货的是（　　）。

A. 在建工程　　　　B. 周转材料　　　　C. 委托加工物资

D. 在途物资　　　　E. 生产成本　　　　F. 工程物资

【答案】　BCDE

【解析】　"工程物资"是企业为建造固定资产而购入的材料等物资，"工程物资"科目的期末余额反映企业尚未使用的各项工程物资的实际成本，在《资产负债表》中"在建工程"项目填列。

2. 存货的初始计量

存货的初始计量是指小企业在取得存货时，对其入账价值的确定。小企业取得的存货应当按照成本进行计量。

1）外购存货

（1）一般会计处理：

借：原材料/库存商品等科目　　　　　　　　　　　　【实际成本】

　　应交税费——应交增值税（进项税额）　　　　　　【可以抵扣的增值税进项税额】

　　贷：银行存款/其他货币资金/应付票据等科目　　　【实际付款金额】

（2）采用预付货款方式购入存货：

如果企业预付账款不多，也可不设置"预付账款"科目，而启用"应付账款"科目。

此时，小企业预付款项时的分录为：

借：应付账款

　　贷：银行存款

（3）附有现金折扣条件的赊购：

我国企业会计准则要求采用总价法。在总价法下应付账款按实际交易金额入账，如果购货方在现金折扣期限内付款，则购货方取得的现金折扣（少付金额）作为一项理财收入，冲减当期的"财务费用"，即贷记"财务费用"科目。

现金折扣的表达方式如"2/10，1/20，n/30"，通常情况下享受现金折扣的价款为不含增值税的价款。具体按实际要求处理。

2）加工取得的存货

通过进一步加工取得存货的成本包括：直接材料、直接人工以及按照一定方法分配的制造费用。

存货加工完毕,验收入库:

借:库存商品等科目

　贷:生产成本

3) 投资者投入的存货

投资者投入存货的成本应当按照评估价值作为其入账价值。

3. 计划成本法

计划成本法是一种简化的存货核算方法。它是指存货的日常收入、发出和结存均按预先制定的计划成本计价,并设置"材料成本差异"科目登记实际成本与计划成本之间的差异;月末,再通过对存货成本差异的分摊,将发出存货和结存存货的计划成本调整为实际成本进行反映的一种核算方法。

(1) 科目的设置:

设置"材料成本差异"科目。

该科目登记存货实际成本与计划成本之间的差异。

$$材料成本差异 = 实际成本 - 计划成本$$

(2) 发出存货成本差异分摊的相关规定:

① 存货成本差异是随着存货的入库而形成,在存货出库时进行分摊。月初结存存货的成本差异和本月取得存货形成的成本差异,最终应由本月发出存货和期末结存存货来共同分摊,本月发出存货时,应根据发出存货的受益对象,将应由已消耗存货应负担的成本差异,从"材料成本差异"科目转入有关科目。

② 发出存货应负担的成本差异必须按月分摊,不得在季末或年末一次计算分摊。

(3) 材料成本差异率及成本差异的分摊:

企业为了方便存货成本差异的分摊,通常需通过材料成本差异率,作为分摊存货成本差异的依据。

$$本月材料成本差异率 = \frac{月初结存材料的成本差异 + 本月验收入库材料的成本差异}{月初结存材料的计划成本 + 本月验收入库材料的计划成本} \times 100\%$$

$$月初材料成本差异率 = \frac{月初结存材料的成本差异}{月初结存材料的计划成本} \times 100\%$$

$$本月发出存货应负担的成本差异 = 发出存货的计划成本 \times 本月材料成本差异率$$

4. 发出存货的计量

(1) 小企业应当采用先进先出法、加权平均法或者个别计价法确定发出存货的实际成本。

(2) 企业应按发出存货的用途,进行相应的账务处理。

注意:生产经营领用周转材料的应记入的科目。

生产经营领用周转材料如表2-5所示。

表2-5　　　　　　　　　　　　生产经营领用周转材料

领用部门	用途	涉及收入类科目	相关成本费用类科目
生产车间	构成产品实体一部分		生产成本
生产车间	一般性物料消耗		制造费用

（续表）

领用部门	用途	涉及收入类科目	相关成本费用类科目
销售部门	随同商品出售不单独计价的		销售费用
	随同商品出售并单独计价的	其他业务收入	其他业务成本
管理部门	自用		管理费用

（3）销售存货。销售库存商品、产成品收入应记入"主营业务收入"科目，计算的增值税额，应贷记"应交税费——应交增值税（销项税额）"科目，成本结转至"主营业务成本"科目。

销售原材料时，收入应记入"其他业务收入"科目，计算的增值税额，应贷记"应交税费——应交增值税（销项税额）"科目，成本结转至"其他业务成本"科目。

5. 存货毁损、盘盈、盘亏

因存货的毁损、盘盈和盘亏而产生的收益和损失应当计入当期损益。

（1）毁损：存货发生毁损，其处置收入、可收回责任人和保险赔款，扣除其成本、相关税费后的净额，应当计入"营业外收入"或"营业外支出"。

（2）盘盈：盘盈存货的成本，应当按照同类或类似存货的市场价格或评估价值确定，盘盈存货实现的收益，应当计入"营业外收入"。

（3）盘亏：盘亏存货发生的损失，应当计入"营业外支出"。

【例题9·单项选择题】 小企业盘盈的存货，应（   ）科目。

A. 记入"其他业务收入"　　　　　B. 冲减"管理费用"

C. 记入"主营业务收入"　　　　　D. 记入"营业外收入"

【答案】 D

【解析】 小企业会计准则规定，盘盈的存货，记入"营业外收入"科目；而企业会计准则规定，盘盈的存货记入"管理费用"科目（贷方，冲减）。

六、消耗性生物资产

企业外购消耗性生物资产，按应计入生物资产成本的金额，借记"消耗性生物资产"科目，贷记"银行存款""应付账款"等科目。即：

借：消耗性生物资产　　　　　　　【按成本】

应交税费——应交增值税（进项税额）　　【可以抵扣的进项税额】

贷：银行存款/应付账款等科目

思考与练习

一、单项选择题

1. 在现金的使用范围中，"结算起点以下的零星开支"中的"结算起点"是指（   ）元。

A. 5 000　　　　B. 1 000　　　　C. 2 500　　　　D. 500

2. 由指定的备用金负责人按照规定的数额领取，支用后按规定手续报销，补足原定额。这种备用金的管理方式称为（   ）。

A. 临时性备用金　　　　　　B. 一次性备用金

C. 定额备用金　　　　　　　　　　　　D. 非定额备用金

3. 可以办理提取现金发放工资的账户是（　　　　）。

A. 基本存款账户　　　　　　　　　　　B. 一般存款账户

C. 临时存款账户　　　　　　　　　　　D. 专用基本款账户

4. 企业将款项汇往外地开立采购专用账户时，应借记的会计科目是（　　　　）。

A. "委托收款"　　　　　　　　　　　　B. "材料采购"

C. "银行存款"　　　　　　　　　　　　D. "其他货币资金"

5. 小企业会计准则中纳入其他货币资金核算内容的是（　　　　）。

A. 商业汇票　　　　　B. 备用金　　　　　C. 支票　　　　　　　D. 委托收款

6. 企业为取得信用卡按照规定存入银行的款项，应借记的会计科目是（　　　　）。

A. "其他货币资金"　　　　　　　　　　B. "银行存款"

C. "库存现金"　　　　　　　　　　　　D. "其他应收款"

7. 小企业现金清查中，经检查仍无法查明原因的现金短缺，经批准应计入（　　　　）。

A. 财务费用　　　　　B. 管理费用　　　　　C. 营业外支出　　　　　D. 销售费用

8. 下列业务中，不通过其他货币资金科目核算的是（　　　　）。

A. 银行承兑汇票　　　　　　　　　　　B. 外埠存款

C. 银行汇票存款　　　　　　　　　　　D. 备用金

9. 小企业无法查明原因的现金溢余，经批准后作为盘盈利得处理，计入（　　　　）。

A. 营业外收入　　　　　　　　　　　　B. 其他业务收入

C. 管理费用　　　　　　　　　　　　　D. 主营业务收入

10. 企业银行存款的实有数，应为（　　　　）。

A. 银行对账单余额　　　　　　　　　　B. 企业银行存款日记账余额

C. 银行存款余额调节表调整后余额　　　D. 以上都不对

11. 企业下列科目的期末余额不应列示于资产负债表"存货"项目下的是（　　　　）。

A. 生产成本　　　　　B. 周转材料　　　　　C. 原材料　　　　　　D. 工程物资

12. 下列各项支出中，一般纳税人企业不应计入存货成本的是（　　　　）。

A. 入库前的挑选整理费用

B. 运输途中的合理损耗

C. 购买存货发生的进口关税

D. 购入存货时支付的增值税进项税额

13. 小企业投资者投入的存货成本，按（　　　　）确定。

A. 投资合同价值　　　　　　　　　　　B. 存货账面成本

C. 投资协议约定的价值　　　　　　　　D. 评估确认的价值

14. 消耗性生物资产在资产负债表中列示在（　　　　）项目。

A. "生产性生物资产"　　　　　　　　　B. "存货"

C. "固定资产"　　　　　　　　　　　　D. "生物资产"

15. 小企业生产车间发生的制造费用分配后一般应转入（　　　　）科目。

A. "生产成本"　　　　　　　　　　　　B. "本年利润"

C. "主营业务成本"　　　　　　　　　　D. "库存商品"

16. 随同商品出售但不单独计价的包装物,其成本应计入( )。
   A. 其他业务成本
   B. 销售费用
   C. 主营业务成本
   D. 制造费用

17. 出租包装物的收入,小企业应计入( )。
   A. 其他业务收入
   B. 主营业务收入
   C. 营业外收入
   D. 以上均不正确

18. 小企业外购原材料,尚在运输途中,应记入( )科目。
   A. "工程物资"
   B. "原材料"
   C. "在途物资"
   D. "库存商品"

19. 小企业外购存货,享受的现金折扣,应记入( )科目。
   A. "财务费用"
   B. "其他业务收入"
   C. "管理费用"
   D. "销售费用"

20. 小企业对外销售原材料,原材料成本应记入( )科目。
   A. "主营业务成本"
   B. "其他业务成本"
   C. "生产成本"
   D. "营业外支出"

二、多项选择题

1. 下列各项支出中,可以使用现金支付的有( )。
   A. 个人劳动报酬
   B. 发放工资
   C. 根据国家规定颁发给个人的科学技术奖金
   D. 向个人收购农副产品和其他物资
   E. 1 000 元以上的购买设备支出

2. 现金具有的特征有( )。
   A. 货币性
   B. 流动性
   C. 通用性
   D. 流通性
   E. 交易性

3. 小企业开立的存银存款账户有( )。
   A. 基本存款账户
   B. 一般存款账户
   C. 临时存款账户
   D. 专项存款账户

4. 会导致企业银行存款日记账余额大于银行存款对账单余额的是( )。
   A. 企业已经收款入账,银行尚未收款入账的款项
   B. 企业已经付款入账,银行尚未付款入账的款项
   C. 银行已经收款入账,企业尚未收款入账的款项
   D. 银行已经付款入账,企业尚未付款入账的款项
   E. 银行少记收款金额

5. 通过其他货币资金科目核算的有( )。
   A. 信用证保证金存款
   B. 银行本票存款
   C. 银行汇票存款
   D. 信用卡存款
   E. 存出投资款

6. 小企业发出存货的计价方法有(   )。

A. 先进先出法 　　　　　　　　B. 月末一次加权平均法

C. 个别计价法 　　　　　　　　D. 后进先出法

7. 应收账款的入账价值包括(   )。

A. 销售商品或提供劳务的价款

B. 应收取的增值税销项税额

C. 代购货单位垫付的包装费

D. 代购货单位垫付的运杂费

8. 商业汇票,按承兑人不同,可分为(   )。

A. 银行承兑汇票 　　　　　　　B. 商业承兑汇票

C. 不带息商业汇票 　　　　　　D. 带息商业汇票

9. 小企业对外销售商品,与往来采购商可以建立的科目是(   )。

A. 应收账款 　　　B. 应付账款 　　　C. 预收账款 　　　D. 预付账款

10. 在物价上涨的情况下,采用先进先出法结转存货成本,其特点是(   )。

A. 高估期末存货成本 　　　　　B. 低估期末存货成本

C. 高估当期利润 　　　　　　　D. 高估当期资产价值

三、判断题

1. 小企业的"银行存款对账单"应至少每月核对一次。　　　　　　　　(   )

2. 在企业的货币性资产中,现金的流动性是最强的。　　　　　　　　(   )

3. 无法查明原因的现金溢余,经批准冲减管理费用。　　　　　　　　(   )

4. 一个企业只能开立一个基本存款账户。　　　　　　　　　　　　　(   )

5. 企业现金清查时,清查人员清点现金时,出纳必须在场。　　　　　(   )

6. 企业为生产产品而购入的材料,属于存货;为建造固定资产而购入的材料,不属于存货。　　　　　　　　　　　　　　　　　　　　　　　　　　(   )

7. 对于生产和销售机器设备的企业来说,成品库中的机器设备属于企业的存货;而对于使用机器设备进行生产的企业来说,所使用的机器设备属于固定资产。　(   )

8. 商业承兑汇票到期无法收回款项,应将"应收票据"转至"应收账款"。(   )

9. 存货采购过程中发生的仓储费用以及在生产过程中为使存货达到下一生产阶段所必需的仓储费用,应当计入存货成本。　　　　　　　　　　　　　　　(   )

10. 存货采用计划成本法核算,在资产负债表中应按计划成本反映存货的价值。(   )

四、计算及账务处理题

1. 小企业华夏公司于 2×19 年 1 月 6 日,在对现金进行清查时,发现短缺 800 元。经落实,需由责任人王丽赔偿 300 元,由平安保险公司赔偿 400 元,无法查明原因 100 元,并经批准进行相应的账务处理。

2. 小企业华夏公司应收取华联的货款 50 000 元,由于对方经营不利,其中 40 000 元已无法收回,于 2×19 年 1 月 9 日收到 10 000 元。

3. 2×19 年 3 月 2 日,小企业华夏公司以银行存款从证券交易所购入 A 上市公司股票

40 000 股,准备短期获利,共支付款项 400 000 元,其中包含每股 0.20 元已宣告但尚未发放的现金股利。另支付交易手续费 5 000 元。该现金股利于2×16年3月28日发放。

4. 2×19 年 2 月 12 日小企业华夏公司赊销一批商品至华美公司,开出的增值税专用发票上注明货款 50 000 元,增值税额 8 000 元。2 月 16 日,银行收讫货款。

5. 2×19 年 8 月 1 日,小企业华夏公司从海天公司赊购一批原材料,并验收入库。海天公司开具的增值税专用发票上注明价款 100 000 元,增值税额 16 000 元。海天公司为了鼓励华夏公司提前付款,根据购货合同规定,给华夏公司开出的现金折扣条件为"2/10,1/20,n/30",假设现金折扣不考虑增值税。作出以下会计分录:

(1) 8 月 1 日赊购原材料。

(2) 付款:① 8 月 09 日付款。② 8 月 17 日付款。③ 8 月 26 日付款。

第三章　非　流　动　资　产

 本章基本内容框架

长期投资的核算 { 长期债券投资 / 长期股权投资

固定资产的核算 { 固定资产的初始计量 / 固定资产的后续计量 / 固定资产的处置 / 固定资产的清查

生产性生物资产的核算 { 初始计量 / 后续计量 / 收获与处置

无形资产的核算 { 无形资产的初始计量 / 无形资产的后续计量 / 无形资产的处置

长期待摊费用的核算 { 长期待摊费用的核算内容 / 长期待摊费用的摊销方法及期限 / 长期待摊费用的会计处理

 重点、难点讲解及典型例题

一、长期投资

长期投资是指不满足短期投资条件的投资,即不准备在 1 年或长于 1 年的经营周期之内转变为现金的投资。

1. 长期债券投资

长期债券投资是指小企业准备长期(在 1 年以上)持有的在 1 年内不能变现或者不准备随时变现的债券投资。企业进行长期债券投资的目的主要是为了获得稳定的收益。

(1) 长期债券投资核算的有关科目(见表 3-1)。

表 3-1		长期债券投资核算的有关科目	
	核算科目	性质	核 算 内 容
长期债券投资	长期债券投资——面值	资产类	核算企业持有的债券面值
	长期债券投资——溢折价	资产类	(1)核算长期债券投资初始计量产生的溢折价金额(包括相关税费) (2)后续计量溢折价的摊销
	长期债券投资——应计利息	资产类	核算持有的到期一次还本付息长期债券应收取的利息
	应收利息	资产类	(1)实际支付的购买价款中包含已到付息期但尚未领取的利息 (2)核算持有的分期付息长期债券应收取的利息
	投资收益	损益类	核算企业持有长期债券期间取得的投资收益以及处置长期债券实现的损益

(2)长期债券投资的初始计量。<u>小企业购入债券作为长期债券投资,应按购买价款和相关税费作为成本进行计量。</u>

发行方式有平价发行、溢价发生和折价发行。

例如,溢价发行:

借:长期债券投资——面值　　　　　　【面值】

　贷:长期债券投资——溢折价　　　　【溢价＋相关税费】

　　　银行存款　　　　　　　　　　　【实付金额】

【例题 1·单项选择题】 小企业进行长期债券投资发生的相关税费,记入(　　)科目。

A.“长期债券投资——溢折价”　　　　　B.“财务费用”

C.“长期债券投资——面值”　　　　　　D.“管理费用”

【答案】 A

【解析】 长期债券投资初始计量时的相关税费计入投资成本,记入“长期债券投资——溢折价”科目。

(3)长期债券投资的后续计量。小企业长期债券投资在持有期间,后续计量的内容主要是计量应收利息和分摊长期债券投资的溢折价。<u>将应收利息与溢折价的摊销额之差(或之和)计入“投资收益”。</u>

需要注意的是科目的运用:

① 核算分期付息、一次还本的长期债券应收取的利息,记入“应收利息”科目;

② 核算到期一次还本付息的长期债券应收取的利息,记入“长期债券投资——应计利息”科目。

【例题 2·单项选择题】 小企业持有分期付息,一次还本的长期债券应收取的利息,应记入(　　)科目。

A.“应收利息”　　　　　　　　　　　　B.“财务费用——利息收入”

C.“长期债券投资——应计利息”　　　　D.“管理费用”

【答案】 A

【解析】 核算分期付息、一次还本的长期债券应收取的利息,记入“应收利息”科目;核算到期一次还本付息的长期债券应收取的利息,记入"长期债券投资——应计利息"科目。

（4）长期债券投资的处置。长期债券投资的处置,主要是指长期债券到期之前出售或到期收回长期债券。

处置长期债券投资,处置价款扣除其账面余额、相关税费后的净额,应当记入"投资收益"科目。债券投资到期,小企业收回长期债券投资,应当冲减其账面余额。

长期债券投资到期,收回长期债券投资。

借:银行存款　　　　　　　　　　　　【实收金额,本金或本息】
　贷:长期债券投资——面值　　　　　　【面值】
　　　　　　　　　　——应计利息　　　【到期一次还本付息】/应收利息【分期付息】
　　投资收益　　　　　　　　　　　　【差,或在借方】

二、长期股权投资

长期股权投资,是指小企业准备长期持有的权益性投资。

1. 长期股权投资的初始计量

（1）小企业以支付现金取得的长期股权投资。

应当按照购买价款和相关税费作为成本进行计量,记入"长期股权投资"科目;实际购买价款中包含已宣告但尚未发放的现金股利,应记入"应收股利"科目。

借:长期股权投资　　　　【差,含购买价款＋相关税费】
　应收股利　　　　　　　【价款中包含的已宣告但尚未发放的现金股利】
　贷:银行存款　　　　　　【实付金额】

2. 长期股权投资的后续计量

在长期股权投资持有期间,被投资单位宣告分派的现金股利或利润,应当按照应分得的金额确认为投资收益,即:

借:应收股利
　贷:投资收益

3. 长期股权投资损失的计量

小企业长期股权投资减除可收回的金额后确认的无法收回的长期股权投资,作为长期股权投资损失,记入"营业外支出"科目。

【例题3·单项选择题】　小企业无法收回的股权投资,应记入(　　　)科目。

A."其他业务支出"　　　　　　　　　　B."财务费用"
C."营业外支出"　　　　　　　　　　　D."管理费用"

【答案】　C

【解析】　无法收回的长期投资,记入"营业外支出"科目。

三、固定资产的核算

1. 固定资产的初始计量

固定资产的初始计量是指确定固定资产的取得成本。固定资产应当按照成本进行初始计量。

固定资产初始计量的成本包括小企业为构建某项固定资产达到预定可使用状态前所发生的一切合理的、必要的支出。

1）外购固定资产

企业外购固定资产的成本,包括购买价款、相关税费、运输费、装卸费、安装费等,但不包括按照税法规定可以抵扣的增值税进项税额。

外购固定资产是否达到预定可使用状态,需要根据具体情况进行分析判断。

（1）外购不需安装的固定资产。企业应设置"固定资产"科目,可以抵扣的进项税额记入"应交税费——应交增值税（进项税额）"科目。

（2）外购需安装的固定资产。企业应设置"在建工程"科目,"在建工程"反映企业期末各项未完工程的实际支出。

分录如下：

① 购入需要安装的固定资产：

借：在建工程

　　应交税费——应交增值税（进项税额）　　　【可抵扣的增值额】

　　贷：银行存款

② 在安装的过程中发生的安装调试等费用：

借：在建工程

　　贷：银行存款

③ 安装结束,固定资产达到预定使用状态,将"在建工程"转入"固定资产"科目：

借：固定资产

　　贷：在建工程

【例题4·单项选择题】 小企业外购需安装固定资产时,发生的安装费应记入（　　　　）科目。

A."固定资产"　　　　　　　　　B."在建工程"

C."长期摊销费用"　　　　　　　D."制造费用"

【答案】 B

【解析】 需安装固定资产发生的费用,应通过"在建工程"科目进行核算。

2）自行建造固定资产

自行建造固定资产的成本,由建造该项资产在竣工决算前发生的支出（含相关借款利息）构成,包括工程物资成本、人工成本、交纳的相关税费、应予资本化的借款费用以及应分摊的间接费用等。

小企业自行建造固定资产包括自营建造和出包建造两种方式。无论采用何种方式,所建工程都应按照实际发生的支出确定其工程成本并单独核算。

（1）自营工程。自营工程多指自制专用设备等有形动产。

需设置"工程物资"和"在建工程"科目。

（2）出包工程。**出包工程**是指小企业通过招标方式将工程项目发包给建造承包商,由建造承包商组织工程项目施工。

企业应设置"在建工程"科目,核算企业与建造承包商办理工程价款的结算业务。

3) 投资者投入的固定资产

投资者投入固定资产的成本,应当按照评估价值和相关税费确定。

企业会计准则规定应按投资合同或协议约定的价值加上应支付的相关税费作为固定资产的入账价值,但合同或协议约定价值不公允的除外。

按取得固定资产的入账价值,借记"固定资产"科目,可以抵扣的进项税额,借记"应交税费——应交增值税(进项税额)"科目,贷记"实收资本"或"股本"科目,按其差额部分记入"资本公积——资本溢价"或"资本公积——股本溢价"科目。即:

借:固定资产　　　　　　　　　　　　【合同或协议的价值+相关税费】

　　应交税费——应交增值税(进项税额)　【可抵扣的进项税额】

　　贷:实收资本/股本　　　　　　　　　【份额】

　　　　资本公积——资本溢价/股本溢价　【差额】

【例题 5·单项选择题】　小企业华夏公司,接受甲公司以一栋厂房作为投资,投资合同约定的价值为 1 000 000 元,占甲公司所有者权益的份额为 900 000 元,另支付运杂费 10 000 元(不含税价),该厂房的入账金额是(　　)元。

A. 910 000　　　　　　　　　　　　B. 1 010 000

C. 900 000　　　　　　　　　　　　D. 1 000 000

【答案】　B

【解析】　该厂房的入账金额=1 000 000+10 000=1 010 000(元)

2. 固定资产的后续计量

1) 固定资产的折旧

固定资产折旧是指在固定资产使用寿命内,按照确定的方法对应计折旧额进行系统分摊。**应计提折旧**是指应当计提折旧的固定资产的原价(成本)扣除其预计净残值后的金额。

小企业会计准则规定,小企业不计提减值准备,所以无需考虑固定资产的减值准备。

(1) 影响固定资产折旧计算的因素。影响固定资产折旧的因素主要有以下几个方面:①固定资产原值,指固定资产的成本;②预计净残值;③使用寿命。

因为小企业固定资产不计提减值,因此影响折旧的因素只有三个。

【例题 6·多项选择题】　影响小企业固定资产折旧核算的因素有(　　)。

A. 原值　　　　　　　　　　　　　　B. 净残值

C. 固定资产减值准备　　　　　　　　D. 使用寿命

E. 固定资产的性能

【答案】　ABD

【解析】　影响固定资产折旧核算的因素有三个:原始价值、预计净残值、使用寿命。

(2) 固定资产的折旧范围:除以下情况外,小企业应该对所有固定资产计提折旧:①房屋、建筑物以外未投入使用的固定资产。②以经营租赁方式租入的固定资产。③已提足折旧仍继续使用的固定资产。

【例题 7·多项选择题】　以下固定资产需计提折旧的是(　　)。

A. 融资租入固定资产

B. 经营租赁方式租入的固定资产

C. 达到预定可使得状态，未投入使用的厂房

D. 提前报废的设备

E. 季节性停产的固定资产

F. 大修理期间暂停使用的固定资产

H. 扩建中的固定资产

【答案】　ACEF

【解析】　经营租赁方式租入的固定资产不计提折旧，只支付租金；提前报废的设备其账面价值已注销，不计提折旧；扩建中的固定资产，在投入扩建时，就将其账面价值转入"在建工程"科目，不计提折旧。

（3）固定资产的折旧方法。小企业应当按照年限平均法（即直线法）计提折旧。小企业的固定资产由于技术进步等原因，确需加速折旧的，可以采用双倍余额递减法和年数总和法。

（4）固定资产折旧的会计处理。企业根据固定资产的受益对象按月计提折旧，计入相关资产的成本或者当期损益，贷记"累计折旧"科目，借记相关科目。固定资产折旧的账务处理如表 3-2 所示。

表 3-2　　　　　　　　　　　固定资产折旧的账务处理

使 用 部 门	借记科目	备　注
管理部门	管理费用	
内设销售机构		
基本生产车间	制造费用	如生产设备、厂房的折旧
专设销售机构	销售费用	如售后服务网点、销售网点的固定资产折旧
经营性出租	其他业务成本	如经营性出租设备的折旧
用于自行建造其他固定资产	在建工程	如用于自行建造办公楼的货车折旧
用于内部研发其他无形资产，开发阶段符合资本化条件的	研发支出——资本化支出	如用于 B 专利权研发的 A 设备的折旧

会计分录如下：

借：管理费用/销售费用/制造费用等
　　贷：累计折旧

2）固定资产后续支出

固定资产的后续支出是指固定资产使用过程中发生的更新改造支出、修理费用等。

（1）固定资产后续支出的处理原则：

① 符合固定资产确认条件的，应当计入固定资产成本，同时将被替换部分的账面价值扣除；

② 不符合固定资产确认条件的，应当计入当期损益。

3. 固定资产的处置

企业出售、转让、报废固定资产或发生固定资产毁损，应当按处置收入扣除其账面价值、相关税费和清理费用后的净额，记入"营业外收入"或"营业外支出"科目。

【例题8·单项选择题】　小企业固定资产出售净收益,记入(　　)科目。

A．"投资收益"　　　　　　　　　　B．"其他业务收入"

C．"主营业务收入"　　　　　　　　D．"营业外收入"

【答案】　D

【解析】　小企业固定资产的处置净损益记入"营业外收入"或"营业外支出"科目。

4. 固定资产的清查

（1）固定资产盘盈：

盘盈的固定资产,按重置成本记入"营业外收入"科目。

① 发现盘盈：

借：固定资产　　　　　　　　【重置成本】

　贷：待处理财产损溢——待处理固定资产损溢

② 经批准后：

借：待处理财产损溢——待处理固定资产损溢

　贷：营业外收入

（2）固定资产盘亏

盘亏的固定资产,按盘亏净损失,记入"营业外支出"科目。

① 发现盘亏：

借：待处理财产损溢——待处理固定资产损溢　　【账面价值】

　　累计折旧

　贷：固定资产

② 落实原因后：

借：其他应收款/银行存款等科目

　　营业外支出——盘亏损失　　【盘亏损失】

　贷：待处理财产损溢——待处理固定资产损溢

【例题9·单项选择题】　小企业盘盈固定资产,记入(　　)科目。

A．"投资收益"　　　　　　　　　　B．"其他业务收入"

C．"主营业务收入"　　　　　　　　D．"营业外收入"

【答案】　D

【解析】　小企业固定资产盘盈记入"营业外收入"科目。企业会计准则规定,固定资产盘盈记入"以前年度损益调整"科目。

【例题10·单项选择题】　小企业盘亏固定资产,记入(　　)科目。

A．"投资损失"　　　　　　　　　　B．"其他业务成本"

C．"主营业务成本"　　　　　　　　D．"营业外支出"

【答案】　D

【解析】　小企业固定资产盘亏记入"营业外支出"科目。企业会计准则规定,固定资产盘亏如属经营损失,记入"管理费用";如属非常损失,记入"营业外支出"科目。

四、生产性生物资产

生产性生物资产是指小企业(农、林、牧、渔业)为生产农产品、提供劳务或出租等目的而持有的生物资产。包括:经济林、薪炭林、产畜和役畜等。

(一)生产性生物资产的初始计量

1. 外购

借:生产性生物资产　　　　　　　　　　【按照应计入生产性生物资产的成本金额】
　贷:银行存款/应付账款等　　　　　【结算方式】

2. 自行营造或繁殖的生产性生物资产

① 发生成本费用时:

借:生产性生物资产——未成熟生产性生物资产
　贷:银行存款/原材料等

② 达到预定生产经营目的时:

借:生产性生物资产——成熟生产性生物资产
　贷:生产性生物资产——未成熟生产性生物资产

3. 育肥畜转为产畜或役畜

借:生产性生物资产　　　【账面价值】
　贷:消耗性生物资产　　　【账面价值】

(二)生产性生物资产的后续计量

1. 生产性生物资产的折旧

小企业会计准则规定,生产性生物资产应当按照年限平均法计提折旧。生产性生物资产折旧的最低年限如下:

(1)林木类生产性生物资产为 10 年。

(2)畜产类生产性生物资产为 3 年。

分录如下:

借:生产成本
　贷:生产性生物资产累计折旧

2. 生产性生物资产的后续支出

(1)木类生物资产补植。

择伐、间伐或抚育更新等生产性采伐而补植林木类生产性生物资产发生的后续支出:

借:生产性生物资产
　贷:银行存款等

(2)生产性生物资产发生的管护、饲养费用。

生产性生物资产发生的管护、饲养费用等后续支出:

借:管理费用
　贷:银行存款等

3. 生产性生物资产的收获与处置

从生产性生物资产上收获农产品后,生产性生物资产这一母体仍然存在,如奶牛产出牛奶、从果树上采摘下水果等。农业生产过程中发生的各项生产费用,按照经济用途可以分为直接材料、直接人工等直接费用以及间接费用,企业应当区别处理。

五、无形资产

(一)无形资产的定义

无形资产是指小企业为生产产品、提供劳务、出租或经营管理而持有的,没有实物形态的可辨认非货币性资产。

【例题 11·多项选择题】 以下属于无形资产的是( )。

A. 土地使用权　　　　　　　　　　B. 专利权

C. 商标权　　　　　　　　　　　　D. 著作权

E. 非专利技术　　　　　　　　　　F. 特许权

G. 商誉

【答案】 ABCDEF

【解析】 由于商誉不具有可辨认性,因此不属于无形资产。

(二)无形资产的初始计量

无形资产通常是按实际成本计量,即以取得无形资产并使之达到预定用途而发生的全部支出作为无形资产的成本。

1. 外购无形资产

借:无形资产

　　贷:银行存款等

2. 投资者投入的无形资产

投资者投入的无形资产的成本,应当按照评估价值和相关税费确定。

借:无形资产——××　　　　　　　　【评估价格】

　　贷:实收资本——××

　　　　资本公积——资本溢价或股本溢价　　【差】

3. 内部研究开发的无形资产

内部研究开发费用账务处理流程图如图 3-1 所示。

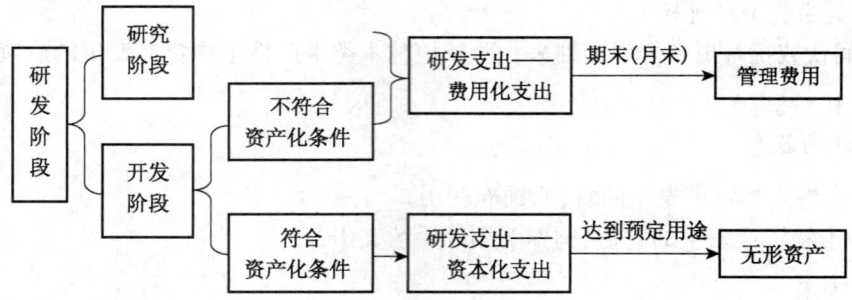

图 3-1　内部研究开发费用账务处理流程图

【例题 12·判断题】 "研发支出"总账科目的余额就是"研发支出——资本化支出"明细科目的余额。   （ ）

【答案】 正确

【解析】 因为期末,"研发支出——费用化支出"转入了"管理费用",期末无余额。

（三）无形资产的后续计量

1. 摊销方法

当月增加的无形资产,当月进行摊销;当月减少的无形资产,当月不再进行摊销。

2. 无形资产的摊销的处理原则

（1）无形资产的摊销额一般应当计入当期损益,企业自用的无形资产,其摊销额计入"管理费用"科目;出租的无形资产,其摊销额计入"其他业务成本"。

（2）某项无形资产包含的经济利益通过所生产的产品或其他资产实现的,其摊销额应当计入相关资产成本,即记入"在建工程""研发支出——资产化支出""生产成本"等科目。

（3）会计处理:

借:管理费用等
　　贷:累计摊销

【例题 13·判断题】 当月增加的无形资产,当月计提累计摊销。   （ ）

【答案】 正确

【解析】 当月增加的无形资产,当月进行摊销;当月减少的无形资产,当月不再进行摊销。

（四）无形资产的处置

处置无形资产所得的处置收入扣除其账面价值、相关税费等后的净额,应当计入"营业外收入"或"营业外支出"。

无形资产的账面价值是指无形资产的成本扣减累计摊销后的金额。

借:银行存款　　　　　　　　【实收价款】
　　累计摊销　　　　　　　　【已计提的累计摊销金额】
　　贷:应交税费/银行存款　　【应支付的相关税费及其他费用】
　　　　无形资产　　　　　　【无形资产的账面余额】
　　　　营业外收入　　　　　【差。如为借方差,则为净损失,计入"营业外支出"】

【例题 14·单项选择题】 无形资产处置的净损失,计入（ ）。

A. 投资损失　　　　　　　　　　　　　B. 其他业务成本

C. 主营业务成本　　　　　　　　　　　D. 营业外支出

【答案】 D

【解析】 无形资产处置的净损失,记入"营业外支出",净收益记入"营业外收入"。

六、长期待摊费用

1. 长期待摊费用的定义

长期待摊费用是指小企业已经支出,但摊销期限在 1 年以上(不含 1 年)的各项费用。

2. 核算内容

小企业长期待摊费用主要包括:已提足折旧固定资产的改建支出、经营租入固定资产的改建支出、固定资产的大修理支出以及其他长期待摊费用。

3. 会计处理

（1）发生长期待摊费用时：

借：长期待摊费用

　　贷：原材料/银行存款/应付职工薪酬等

（2）按月采用年限平均法摊销长期待摊费用时，应当按照受益对象：

借：生产成本/制造费用/管理费用等

　　贷：长期待摊费用

期末余额，反映小企业尚未摊销的长期待摊费用。

【例题 15 · 判断题】　长期待摊费用的摊销额，应按其受益对象记入相应科目。　（　　）

【答案】　正确

【解析】　长期待摊费用的摊销额记入的科目取决于其服务的对象。

 思考与练习

一、单项选择题

1. 下列说法中，不正确的是（　　）。

A. 新增固定资产应当从增加的当月开始计提折旧

B. 已提足折旧仍继续使用的固定资产和作为固定资产核算的土地不计提折旧

C. 固定资产的使用寿命、预计净残值和折旧方法一经确定，不得随意变更

D. 当月减少的固定资产，当月仍需计提折旧

2. 小企业华夏公司为增值税一般纳税人购入需安装设备，设备的入账价值不包括（　　）。

A. 支付的运杂费、保险费

B. 安装费

C. 设备的成本

D. 增值税专用发票上注明的进项税额

3. 小企业购入需安装的固定资产，其全部安装成本均应通过（　　）科目进行核算。

A. "固定资产"　　　　　　　　　　B. "在建工程"

C. "工程物资"　　　　　　　　　　D. "长期投资"

4. 小企业下列应计提固定资产折旧的是（　　）。

A. 土地

B. 当月增加的固定资产

C. 以融资租赁方式租入的固定资产

D. 以经营租赁方式租入的固定资产

5. 为建造固定资产而发生的利息支出，在固定资产达到预定可使用状态后发生的，应计入（　　）。

A. 在建工程　　　B. 财务费用　　　C. 销售费用　　　D. 固定资产

6. 小企业一台机器设备原值 80 000 元，估计净残值 8 000 元，预计可使用 12 年，按年限

平均法计提折旧,则第 2 年应计提折旧为( )元。

    A. 6 600   B. 6 000   C. 7 000   D. 8 000

    7. 小企业进行财产清查时盘亏设备一台,其账面原值 20 000 元,已提折旧 15 000 元,则应记入"待处理财产损溢"科目的金额是( )元。

    A. 5 000   B. 20 000   C. 35 000   D. 15 000

    8. 采用出包方式建造固定资产时,对于按照工程进度和合同规定结算的工程价款应通过( )科目进行核算。

    A."在建工程"   B."固定资产"

    C."预付账款"   D."工程物资"

    9. 小企业接受投资者投入的一项固定资产,应按( )作为入账价值。

    A. 投资方的账面价值   B. 按照评估价值和相关税费

    C. 投资方的账面原值   D. 公允价值

    10. 小企业盘盈的固定资产,应计入( )。

    A. 营业外收入   B. 以前年度损益调整

    C. 其他业务收入   D. 管理费用

    11. 下列项目中,不属于无形资产的是( )。

    A. 商标权   B. 非专利技术   C. 专利权   D. 商誉

    12. 关于无形资产的内容,下列说法中,不正确的是( )。

    A. 无形资产属于非货币性资产

    B. 无形资产的使用寿命一定是确定的

    C. 合并中产生的商誉不作为无形资产

    D. 无形资产具有可辨认性

    13. 无形资产摊销时,贷记的科目是( )。

    A."其他业务成本"   B."无形资产"

    C."管理费用"   D."累计摊销"

    14. 企业出租无形资产的摊销额,应计入( )。

    A. 管理费用   B. 营业外支出

    C. 销售费用   D. 其他业务成本

    15. 经营租入固定资产的改建支出,按照( )分期摊销。

    A. 租赁期   B. 合同期

    C. 剩余租赁期   D. 合同约定的剩余租赁期

    16. 某企业研制一项专利技术,研究阶段发生支出 30 000 元,开发阶段发生支出 80 000 元,其中符合资本化条件的 50 000 元,该专利权的入账价值为( )元。

    A. 110 000   B. 80 000   C. 50 000   D. 20 000

    17. 关于无形资产的摊销,下列说法中,不正确的是( )。

    A. 使用寿命有限的无形资产,其应摊销的金额应当在使用寿命内系统合理地摊销

    B. 使用寿命不确定的无形资产不需要摊销

    C. 使用寿命有限的无形资产一定无残值

    D. 当月增加的无形资产,当月进行摊销;当月减少的无形资产,当月不再进行摊销

18. 企业 2×14 年 1 月 1 日购入一项专利权,实际成本为 300 万元,摊销年限为 10 年,采用直线法摊销。2×18 年 12 月 31 日,该无形资产预计可收回金额 80 万元。该无形资产原摊销年限和摊销方法不变。2×19 年 12 月 31 日,该无形资产的账面价值为(　　)万元,账面余额为(　　)万元。

A. 64　300　　　　　　　　　　　　B. 120　300

C. 220　120　　　　　　　　　　　 D. 50　50

19. 下列关于无形资产的表述中,正确的是(　　)。

A. 企业自创商誉、自创品牌及报刊名等可以确认为无形资产

B. 企业内部研究开发项目开发阶段的支出应该全部确认为无形资产

C. 支付土地出让金获得的土地使用权应确认为无形资产

D. 企业合并中形成的商誉应该确认为无形资产

20. 小企业出售无形资产发生的净损失,应当记入(　　)科目。

A.“其他业务收入”　　　　　　　　B.“主营业务收入”

C.“营业外支出”　　　　　　　　　D.“管理费用”

二、多项选择题

1. 下列固定资产应计提折旧的有(　　)。

A. 融资租入的固定资产

B. 按规定单独估价作为固定资产入账的土地

C. 大修理停用的固定资产

D. 季节性停产的固定资产

E. 未使用的房屋建筑物

2. 小企业影响固定资产折旧的因素主要有(　　)。

A. 固定资产原价　　　　　　　　　B. 预计净残值

C. 固定资产减值准备　　　　　　　D. 固定资产的使用寿命

E. 固定资产的性能

3. 小企业以下固定资产的日常修理费,应记入“管理费用”科目的有(　　)。

A. 管理部门固定资产的修理费

B. 专设销售机构固定资产的修理费

C. 生产车间(部门)固定资产的修理费

D. 企业内部销售部门固定资产的修理费

4. 小企业的下列固定资产中计提折旧的是(　　)。

A. 闲置的房屋　　　　　　　　　　B. 融资租入的设备

C. 临时出租的设备　　　　　　　　D. 已提足折旧继续使用的设备

5. 增值税一般纳税人采用自营方式建造一台设备,下列应计入设备成本的有(　　)。

A. 参与工程建造人员的薪酬

B. 外购工程物资可抵扣的增值税

C. 工程领用本企业生产产品用的原材料

D. 生产车间为工程提供水电等费用

6. 通过"固定资产清理"核算的业务包括(　　)。

A. 固定资产出售　　　　　　　　　B. 固定资产报废

C. 固定资产毁损　　　　　　　　　D. 固定资产盘亏

7. 以下业务造成的固定资产净损失,记入"营业外支出"科目的是(　　)。

A. 固定资产出售　　　　　　　　　B. 固定资产报废

C. 固定资产毁损　　　　　　　　　D. 固定资产盘亏

8. "固定资产清理"科目贷方核算的内容包括(　　)。

A. 固定资产的变价收入　　　　　　B. 收到的保险赔款

C. 发生的清理费用　　　　　　　　D. 结转的固定资产清理净损失

9. 影响小企业固定资产处置净损益的因素有(　　)。

A. 固定资产的变价收入　　　　　　B. 累计折旧

C. 发生的清理税费　　　　　　　　D. 固定资产的减值准备

10. 下列业务中,不通过"在建工程"科目核算的有(　　)。

A. 购入不需安装的固定资产

B. 办理竣工决算后发生的利息费用

C. 在建工程在竣工决算前发生的借款利息

D. 购入需安装的设备

11. 无形资产摊销时,借方可能用到的会计科目有(　　)。

A. 管理费用　　　　　　　　　　　B. 制造费用

C. 其他业务成本　　　　　　　　　D. 在建工程

12. 下列各项目中,具有可辨认性的是(　　)。

A. 专利权　　　　B. 商标权　　　　C. 非专利技术　　　D. 商誉

13. 下列关于无形资产的业务中,可能影响企业营业利润的有(　　)。

A. 无形资产研究阶段的支出　　　　B. 无形资产开发阶段的支出

C. 出租无形资产的摊销额　　　　　D. 无形资产出售损益

E. 无形资产报废损益

14. 下列情形中,应贷记"无形资产"科目的有(　　)。

A. 出租无形资产　　　　　　　　　B. 报废无形资产

C. 出售无形资产　　　　　　　　　D. 无形资产摊销

15. 小企业长期待摊费用包括(　　)。

A. 已提足折旧的固定资产的改建支出

B. 经营租入固定资产的改建支出

C. 固定资产的大修理支出

D. 其他长期待摊费用

三、判断题

1. 小企业对经营租入和融资租入的固定资产均不拥有所有权,故租入时均不必进行账务处理,只需在备查簿中进行登记。　　　　　　　　　　　　　　　　　　　(　　)

2. 小企业华夏公司对一项原值为 120 万元、已提折旧 60 万元的固定资产进行改建,发生改建支出 50 万元,取得变价收入 10 万元。则改建后该固定资产的入账价值为 100 万元。
　　　　　　　　　　　　　　　　　　　　　　　　　　　　　　　　　（　　　）

3. 小企业生产车间发生的固定资产修理费用应计入"制造费用"。　　（　　　）

4. 已达到预定可适用状态尚未办理竣工决算的固定资产,应当按照估计价值确定其成本,并计提折旧,待办理竣工决算后,再按实际成本调整原来的暂估价值,同时需要调整原已计提的折旧额。　　　　　　　　　　　　　　　　　　　　　　　　　　（　　　）

5. 当月增加的固定资产,当月计提折旧,当月减少的固定资产,当月不计提折旧。（　　　）

6. 属于企业生产经营主要设备的物品若作为固定资产,单位价值无限定。　（　　　）

7. 双倍余额递减法计提折旧,除了最后 2 年外,其他期间不考虑预计的净残值。（　　　）

8. 试车期间形成的产品或副产品对外销售或转为库存商品时,应冲减工程成本。（　　　）

9. 工程完工后,工程物资的盘盈、盘亏、报废、毁损,计入当期营业外收支。（　　　）

10. 接受捐赠的固定资产,记入"其他业务收入"科目。　　　　　　　（　　　）

11. 无形资产有的有期限,有的没有期限。　　　　　　　　　　　　（　　　）

12. 无形资产的摊销金额均记入"管理费用"科目。　　　　　　　　（　　　）

13. 资产负债表中开发支出项目期末余额为"研发支出——资本化支出"科目的余额。
　　　　　　　　　　　　　　　　　　　　　　　　　　　　　　　　　（　　　）

14. 研究与开发费用均应计入无形资产的价值。　　　　　　　　　（　　　）

15. "研发支出——费用化支出"在期末无余额。　　　　　　　　　（　　　）

16. 外购固定资产的成本包括:购买价款、相关税费、运输费、装卸费、保险费、安装费、可以抵扣的增值税进项税额等。　　　　　　　　　　　　　　　　　　　　（　　　）

17. 一次还本付息的长期债券投资,在债务人应付利息日按照票面利率计算的应收未收利息收入应当确认为应收利息,不增加长期债券投资的账面余额。　　　　（　　　）

18. 通过非货币性资产交换取得的长期股权投资,应当按照换出非货币性资产的账面价值和相关税费作为成本进行计量。　　　　　　　　　　　　　　　　　　（　　　）

19. 以一笔款项购入多项没有单独标价的固定资产,应当按照各项固定资产或类似资产的市场价格或评估价值比例对总成本进行分配,分别确定各项固定资产的成本。　（　　　）

20. 小企业在建工程在试运转过程中形成的产品、副产品或试车收入应冲减在建工程成本。　　　　　　　　　　　　　　　　　　　　　　　　　　　　　　　　（　　　）

21. 小企业当月增加的固定资产,当月不计提折旧,从下月起计提折旧;当月减少的固定资产,当月仍计提折旧,从下月起不计提折旧。　　　　　　　　　　　（　　　）

22. 消耗性生物资产应当按照年限平均法计提折旧。　　　　　　　（　　　）

23. 小企业不能可靠估计无形资产使用寿命的,不应该摊销。　　　（　　　）

24. 自行开发建造厂房等建筑物,相关的土地使用权转入在建工程,计入固定资产账面价值。　　　　　　　　　　　　　　　　　　　　　　　　　　　　　　　　（　　　）

25. 长期债券投资的折价或者溢价在债券存续期间内采用直线法进行摊销。（　　　）

26. 长期股权投资应当采用成本法进行会计处理。　　　　　　　　（　　　）

27. 固定资产的日常修理费,应当在发生时根据受益对象进行分配。（　　　）

28. 生产性生物资产应当按照年限平均法(直线法)计提折旧。　　（　　　）

29. 无形资产应当在其使用寿命内采用年限平均法进行摊销,根据其受益对象计入相关

资产成本或者当期损益。　　　　　　　　　　　　　　　　　　　　（　　）

30. A 公司于 2019 年 1 月 10 日自公开市场中买入 B 公司的 5 年期债券,面值 100 万元,票面利率 5%,每年支付一次利息,到期还本,5 月 30 日为应付利息日,6 月 15 日支付利息,企业应在 6 月 15 日确认利息收入。　　　　　　　　　　　　　　　　　　　（　　）

四、计算及账务处理题

1. 2×19 年 1 月 1 日,小企业华夏公司用银行存款从证券市场上购入甲公司 2×18 年 1 月 1 日发行的债券,面值 100 000 元、期限 5 年、票面利率 8%、每年 1 月 8 日付息、到期日归还本金和最后一次利息。实际支付的购买价款为 108 000 元,假设不考虑支付的相关手续费。

2. 2×19 年 2 月 1 日,小企业华夏公司以一项专利技术换入 D 股份公司普通股股票 100 000 股,不含已宣告但尚未发放的现金股利。华夏公司该项专利技术账面价值为 700 000 元(其中"无形资产"科目余额 850 000 元,"累计摊销"科目余额 150 000 元),经专业机构评估,该专利技术的公允价值为 710 000 元,应交相关税费 8 000 元。

3. 小企业华夏公司购入一台不需要安装即可投入使用的戴尔电脑,取得的增值税专用发票上注明的设备价款为 9 000 元,增值税额为 1 440 元,款项以银行存款支付。分别假设华夏公司为一般纳税人及小规模纳税人,编制相应分录。

4. 小企业华夏公司为非股份有限公司,收到东风公司投入设备一台,该设备价款 200 000 元,增值税额 32 000 元,东风公司享有华夏公司注册资本的份额为 180 000 元。

5. 小企业东易公司 2×19 年 2 月份固定资产计提折旧情况如下:

甲车间厂房计提折旧 8 600 元、乙车间厂房计提折旧 12 000 元、管理部门房屋建筑物计提折旧 11 000 元、专设销售机构固定资产折旧 3 000 元、经营性出租固定资产计提折旧 600 元、用于自行建造厂房的货车计提折旧 1 000 元。

6. 2×19 年 2 月 6 日,小企业华夏公司因生产经营管理的需要,将一台 2×12 年 1 月 3 日购买的设备出售,出售的价款为 110 000 元。被出售设备的原值 200 000 元,已计提累计折旧 80 000 元。出售时发生清理费用 1 500 元。

本例中出售已使用过的有形动产,需按 16% 计算缴纳增值税,应交增值税＝110 000×16%＝17 600(元)。

7. 2×19 年 2 月 11 日,小企业华夏公司经董事会批准研发一项新产品的专利技术,该公司董事会认为,研发该项目具有可靠的技术和财务等资源的支持,并且一旦研发成功将降低该公司产品的生产成本。

2×19 年 2 月份发生研究阶段相关支出 46 000 元,以银行存款支付;

2×19 年 3 月份开发阶段发生材料费 128 000 元、人工工资 62 000 元,其中符合资本化条件的支出为 160 000 元;

2×19 年 4 月 9 日,该专利技术已经达到预定用途。

请编制相关会计分录。

第四章 负 债

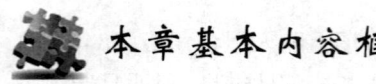 **本章基本内容框架**

负债概述 { 负债的定义及特征
负债的确认与分类

短期借款与应付利息的核算 { 借入短期借款的会计核算
短期借款利息的会计核算
偿还短期借款的会计核算

应付及预收款项的核算 { 应付票据
应付账款
预收账款
其他应付款

应付职工薪酬的核算 { 应付职工薪酬的定义
科目的设置
应付职工薪酬的核算 { 计提职工薪酬的会计核算
发放职工薪酬的会计核算

应交税费的核算 { 应交税费概述
应交增值税的核算
应交消费税的核算
应交城市维护建设税和教育费附加的核算
其他应交税费的核算

应付利润的核算

长期借款的核算

长期应付款的核算

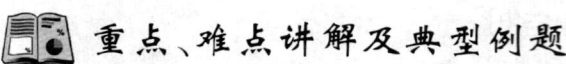 **重点、难点讲解及典型例题**

一、负债概述

我国《小企业会计准则》中对负债的定义是:"负债是指小企业过去的交易或者事项形成

的,预期会导致经济利益流出小企业的现时义务。"

《小企业会计准则》第四十五条规定:"小企业的负债按照其流动性,可分为流动负债和非流动负债。"

1. **流动负债**

小企业的流动负债是指预计在1年内(含1年)或者超过1年的一个正常营业周期内清偿的债务。

小企业的流动负债包括:短期借款、应付及预收款项、应付职工薪酬、应交税费、应付利息等。

2. **非流动负债**

小企业的非流动负债是指流动负债以外的负债,即预计在1年以上或者超过1年的一个正常营业周期以上清偿的债务。

小企业的非流动负债包括:长期借款、长期应付款等。

负债的构成如图4-1所示。

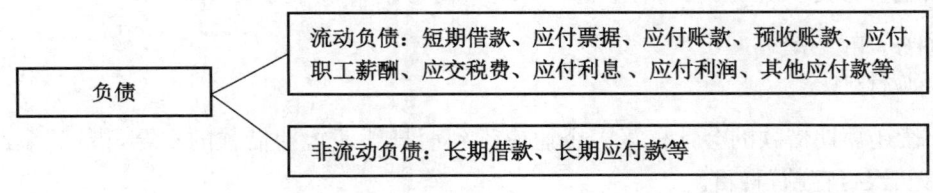

图4-1 负债的构成

【例题1·多项选择题】 以下属于流动负债的是(   )。

A. 短期借款   B. 应付票据

C. 应付账款   D. 预付账款

E. 预收账款   F. 长期应付款

【答案】 ABCE

【解析】 "预付账款"属于流动资产,"长期应付款"属于非流动负债。

二、短期借款与应付利息的核算

1. **短期借款的定义及科目设置**

短期借款是指小企业从银行或其他金融机构等借入的期限在1年以内(含1年)的各种借款。为了核算小企业借入的各种短期借款(本金)的增减变动及其结余情况,企业应当设置"短期借款"科目。该科目贷方反映取得的短期借款(短期借款的增加),借方反映短期借款的偿还(短期借款的减少),期末余额在贷方,反映企业尚未偿还的短期借款的本金。"短期借款"应按照借款种类、贷款人和币种进行明细核算。

应付未付的利息应通过"应付利息"科目核算。"应付利息"核算小企业按照合同约定应支付的利息费用,贷方反映按照合同利率计算确定的应付未付利息费用,借方反映实际支付的利息,期末余额在贷方,反映小企业应付未付的利息费用。"应付利息"按照贷款人等进行明细核算。

2. **短期借款的核算**

(1)借入短期借款的会计核算。在取得借款时,一般以取得借款的凭证为依据,按实际借款金额(本金),借记"银行存款"科目,贷记"短期借款"科目。

(2) 短期借款利息的会计核算。我国《小企业会计准则》第四十八条规定:"短期借款应当按照借款本金和借款合同利率在应付利息日计提利息费用,计入财务费用。"

应付利息日,应当按照借款合同利率计算确定的利息费用,借记"财务费用"科目,贷记"应付利息"等科目。

实际支付利息时,借记"应付利息"科目,贷记"银行存款"科目。

【例题 2·单项选择题】 若短期借款利息实行"按月度计提、按季度支付",在应付利息日,短期借款利息应借记的科目是( )。

A. 财务费用

B. 销售费用

C. 在建工程

D. 研发支出

【答案】 A

【解析】 本题中,企业在应付利息日计提短期借款利息时的分录如下:

借:财务费用

  贷:应付利息

(3) 偿还短期借款的会计核算。企业应于到期日偿还短期借款的本金,借记"短期借款"科目,贷记"银行存款"科目。

三、应付及预收款项的核算

1. 应付票据

应付票据是指小企业因购买材料、商品或接受劳务等日常生产经营活动开出、承兑的商业汇票。

为了核算应付票据的增减变动情况,小企业应当设置"应付票据"科目。该科目贷方反映小企业开出、承兑商业汇票的金额,借方反映商业汇票到期而支付的款项或票据到期无力支付而转为应付账款的款项等,期末余额在贷方,反映小企业开出、承兑的尚未到期商业汇票的账面价值。该科目应按照债权人进行明细核算。

(1) 小企业开出、承兑商业汇票或以商业汇票抵付货款、应付账款时,借记"材料采购""在途物资""库存商品"等科目,贷记"应付票据"科目,涉及增值税进项税额的,还应进行相应的账务处理。

(2) 如果开出的是银行承兑汇票,还应支付银行承兑汇票的手续费,借记"财务费用"科目,贷记"银行存款"科目。

(3) 商业汇票到期,小企业支付票款时,借记"应付票据"科目,贷记"银行存款"科目。

(4) 银行承兑汇票到期,若小企业无力支付票款,承兑银行仍须无条件向持票人全额付款,同时对出票人尚未支付的汇票金额作逾期贷款处理。所以,小企业应借记"应付票据"科目,贷记"短期借款"科目。对于银行计收的利息,按短期借款利息的处理方法处理。

(5) 商业承兑汇票到期,小企业无力支付票款的,按"应付票据"账面价值转入"应付账款"科目,待协商后再行处理。

【例题 3·多项选择题】 作为付款方,为了核算( )的增减变动情况,小企业应当设置"应付票据"科目。

A. 银行本票　　　　　　　　　　B. 银行汇票

C. 支票　　　　　　　　　　　　D. 银行承兑汇票

E. 商业承兑汇票

【答案】 DE

【解析】 在我国,应收票据、应付票据仅指"商业汇票",包括"银行承兑汇票"和"商业承兑汇票"两种。商业汇票属于远期票据,付款期一般在 1 个月以上,6 个月以内。其他银行票据如支票、银行本票、银行汇票,属于即期票据,都是作为货币资金进行核算的,而不作为应收、应付票据。

【例题 4·单项选择题】 对于银行承兑汇票到期,小企业无力支付票款的,借记"应付票据"科目,应贷记的科目是( )。

A. "应付账款"　　　　　　　　　B. "其他应付款"

C. "财务费用"　　　　　　　　　D. "短期借款"

【答案】 D

【解析】 对于银行承兑汇票到期,若小企业无力支付票款的,承兑银行仍须无条件向持票人全额付款,同时对出票人尚未支付的汇票金额作逾期贷款处理。所以,分录如下:

借:应付票据

　　贷:短期借款

2. 应付账款

应付账款是指小企业因购买材料、商品或接受劳务等日常生产经营活动应支付的款项。应付账款是由于购货方取得物资或劳务与支付货款在时间上不一致而产生的负债。

为了核算和监督应付账款的形成及其偿还情况,应当设置"应付账款"科目。该科目贷方反映小企业因购买材料、商品或接受劳务等所形成的应付未付款项,借方反映小企业偿还的应付账款或开出商业汇票抵付应付账款的款项,期末余额一般在贷方,反映小企业尚未支付的应付账款。该账户应按照对方单位(或个人)进行明细核算。

(1) 购买物资或接受劳务,货款尚未支付的会计核算。应付账款一般按实际发生额入账,其入账金额应以发票金额为依据。小企业应根据发票账单,借记"原材料"或"库存商品""在途物资""应交税费——应交增值税(进项税额)"等科目,贷记"应付账款"科目。

(2) 偿付应付账款的会计核算。如果不考虑有现金折扣的情形,小企业偿付应付账款时,应借记"应付账款"科目,贷记"银行存款"科目。

(3) 确实无法偿付应付账款的会计核算。我国《小企业会计准则》第四十七条规定:"小企业确实无法偿付的应付款项,应当计入营业外收入。"小企业确实无法偿付的应付账款,应借记"应付账款"科目,贷记"营业外收入"科目。

【例题 5·多项选择题】 对于确实无法偿付的应付账款,小企业应( )。

A. 借记"应付账款"　　　　　　　B. 借记"营业外支出"

C. 贷记"应付账款"　　　　　　　D. 贷记"营业外收入"

【答案】 AD

【解析】　小企业确实无法偿付的应付款项,应当计入营业外收入,分录如下:

借:应付账款

　　贷:营业外收入

3. 预收账款

预收账款是指小企业按合同规定预收的款项,包括预收的销货款、工程款等。

如果小企业的预收账款比较多,应当设置"预收账款"科目进行核算。该科目贷方反映预收货款的金额和购货方补付的金额,借方反映小企业向购货方发货后应冲销的预收货款金额和退回购货方的多付货款金额;期末余额在贷方,反映小企业预收的款项,期末余额如在借方,反映小企业尚未转销的款项。该科目应按照对方单位(或个人)进行明细核算。

预收账款业务不多的小企业,也可不设置"预收账款"科目,将预收的款项直接记入"应收账款"科目贷方。

(1) 小企业向购货方预收的款项,借记"银行存款"等科目,贷记"预收账款"科目。

(2) 小企业销售收入实现时,按实现的收入金额借记"预收账款"科目,贷记"主营业务收入"科目。涉及增值税销项税额的还应进行相应的处理。

(3) 收到购货方补付的款项时,应借记"银行存款"等科目,贷记"预收账款"科目。

(4) 向购货方退回我方多收的款项时,应借记"预收账款"科目,贷记"银行存款"科目。

【例题6·单项选择题】　预收账款情况不多的小企业,也可不设置"预收账款"科目,将预收的款项直接记入(　　)科目贷方。

A. "应收账款"　　　　　　　　　　B. "应付账款"

C. "预付账款"　　　　　　　　　　D. "其他应收款"

【答案】　A

【解析】　预收账款情况不多的小企业,也可不设置"预收账款"科目,将预收的款项直接记入"应收账款"科目贷方。

4. 其他应付款

其他应付款是指小企业除应付票据、应付账款、预收账款、应付职工薪酬、应交税费、应付利息、应付利润等以外的其他各项应付、暂收款项,如应付租入固定资产和包装物的租金、存入保证金、职工未按期领取的工资等。

小企业应当设置"其他应付款"科目,该科目贷方反映小企业发生的各种其他应付款项,借方反映小企业支付或转销的各种其他应付款,期末余额在贷方,反映小企业应付未付的其他应付款项。该科目应按照其他应付款的项目和对方单位(或个人)进行明细核算。

(1) 小企业发生其他各种应付、暂收款项时,借记"管理费用"等科目,贷记"其他应付款"科目。

(2) 小企业支付其他各种应付、暂收款项时,借记"其他应付款"科目,贷记"银行存款"等科目。

【例题7·多项选择题】　以下项目中,通过"其他应付款"科目核算的是(　　)。

A. 代垫的职工家属医药费

B. 应付租入固定资产和包装物的租金

C. 收取的出借包装物押金

D. 职工未按期领取的工资

【答案】　BCD

【解析】　其他应付款是指小企业除应付票据、应付账款、预收账款、应付职工薪酬、应交税费、应付利息、应付利润等以外的其他各项应付、暂收款项。代垫的职工家属医药费通过"其他应收款"进行核算。

四、应付职工薪酬的核算

1. 应付职工薪酬的定义及科目设置

应付职工薪酬是指小企业为获得职工提供的服务而应付给职工的各种形式的报酬以及其他相关支出。

为了核算小企业根据有关规定应付给职工的各种薪酬,企业应当设置"应付职工薪酬"科目。该科目贷方反映本月实际发生的应付职工薪酬总额,借方反映本月实际支付的各种应付职工薪酬,期末余额在贷方,反映小企业应付未付的职工薪酬。小企业(外商投资)按照规定从净利润中提取的职工奖励及福利基金,也通过本账户核算。

"应付职工薪酬"应按照"工资""职工福利""社会保险费""住房公积金""工会经费""职工教育经费""非货币性福利""辞退福利"等进行明细核算。

【例题8·多项选择题】　小企业的职工薪酬包括(　　　)。

A. 职工工资、奖金、津贴和补贴　　　　B. 职工福利费

C. 社会保险费　　　　D. 住房公积金

E. 工会经费　　　　F. 辞退福利

【答案】　ABCDEF

【解析】　小企业的职工薪酬包括"工资""职工福利""社会保险费""住房公积金""工会经费""职工教育经费""非货币性福利""辞退福利"等。

2. 应付职工薪酬的核算

(1) 计提职工薪酬的会计核算。生产部门(提供劳务)人员的职工薪酬,借记"生产成本""制造费用"等科目,贷记"应付职工薪酬"科目。

应由在建工程、无形资产开发项目负担的职工薪酬,借记"在建工程""研发支出"等科目,贷记"应付职工薪酬"科目。

管理部门人员的职工薪酬和因解除与职工的劳动关系给予的补偿,借记"管理费用"科目,贷记"应付职工薪酬"科目。

销售人员的职工薪酬,借记"销售费用"科目,贷记"应付职工薪酬"科目。

(2) 发放职工薪酬的会计核算。向职工支付工资、奖金、津贴、福利费等,应从应付职工薪酬中扣除各种款项(代扣的应由职工个人承担的社会保险费和住房公积金、个人所得税等)。借记"应付职工薪酬"科目,贷记"库存现金""银行存款""其他应付款""应交税费——应交个人所得税"等科目。

支付工会经费和职工教育经费用于工会活动和职工培训,借记"应付职工薪酬"等科目,贷记"银行存款"等科目。

按照国家有关规定缴纳的社会保险费和住房公积金,借记"应付职工薪酬""其他应付款"等科目,贷记"银行存款"等科目。

以其自产产品发放给职工的,按照其销售价格,借记"应付职工薪酬"科目,贷记"主营业务收入"科目;同时,还应结转产品的成本。涉及增值税销项税额的,还应进行相应的账务处理。

支付的因解除与职工的劳动关系给予职工的补偿(即辞退福利),借记"应付职工薪酬"科目,贷记"库存现金"或"银行存款"等科目。

【例题 9·单项选择题】 应由在建工程项目负担的职工薪酬,应记入( )科目的( )。

A. 管理费用 借方   B. 管理费用 贷方

C. 在建工程 借方   D. 在建工程 贷方

【答案】 C

【解析】 应由在建工程项目负担的职工薪酬,应记入固定资产成本。所以,分录如下:

借:在建工程

  贷:应付职工薪酬

五、应交税费的核算

1. 应交税费的定义及科目设置

应交税费是指小企业按照税法等规定计算的应缴纳的各种税费,包括增值税、消费税、城市维护建设税和教育费附加、企业所得税、资源税、土地增值税、城镇土地使用税、房产税、车船税、矿产资源补偿费、排污费等。

为了核算小企业应交税费的形成及其缴纳情况,企业应当设置"应交税费"科目。该科目贷方反映应缴纳的各项税费等,借方反映小企业实际缴纳的税费,以及出口退税、税务机关退回多交的税费等;期末余额在贷方,反映小企业尚未缴纳的税费,期末余额若在借方,反映小企业多交或尚未抵扣的税费。小企业代扣代缴的个人所得税等,也通过本账户核算。

"应交税费"按照应交税费项目进行明细核算。一般纳税人还应当对"应交税费——应交增值税"二级科目下设置"进项税额""销项税额""出口退税""进项税额转出""已交税金""销项税额抵减""转出未交增值税""转出多交增值税"等专栏。

2. 应交增值税的核算

(1) 小规模纳税人应交增值税的会计核算:

$$应纳税额 = 不含税销售额 \times 征收率$$

$$不含税销售额 = 含税销售额 \div (1 + 征收率)$$

销售商品或提供劳务时,应借记"银行存款""应收账款"等科目,贷记"主营业务收入""应交税费——应交增值税"科目。

缴纳增值税时,应借记"应交税费——应交增值税"科目,贷记"银行存款"科目。

【例题 10·判断题】 小规模纳税人只需在"应交税费"账户下设置"应交增值税"明细账户,不需要在"应交增值税"明细账户下设置专栏。 ( )

【答案】 对

【解析】 小规模纳税人使用简易办法计算应交增值税,按照销售额的一定比例(现行税法规定的小规模纳税人的增值税征收率为 3%)计算。所以,只需在"应交税费"账户下设置"应交增值税"明细账户,核算应交增值税的计算和缴纳情况。

（2）一般纳税人应交增值税的会计核算。通常情况下，一般纳税人增值税应纳税额的计算公式为：

应纳税额 ＝ 当期销项税额 －（当期进项税额 － 进项税额转出）－ 上期留抵进项税额

小企业采购物资时，按照记入采购成本的金额，借记"在途物资""材料采购""原材料""库存商品"等科目，按照税法规定可抵扣的增值税进项税额，借记"应交税费——应交增值税（进项税额）"科目，贷记"银行存款""应付账款"等科目。

销售商品或提供劳务时，按照收入金额和应收取的增值税销项税额，借记"银行存款""应收账款"等科目，按照确认的营业收入金额，贷记"主营业务收入""其他业务收入"等科目，按照税法规定应交纳的增值税销项税额，贷记"应交税费——应交增值税（销项税额）"科目。

将自产的产品等用作福利发放给职工，应视同产品销售计算应交增值税的，借记"应付职工薪酬"科目，贷记"主营业务收入""应交税费——应交增值税（销项税额）"科目。

购进的物资、在产品、产成品因盘亏、毁损、报废、被盗，以及购进物资改变用途等原因，按照税法规定不得从增值税销项税额中抵扣的进项税额，其进项税额应转入有关科目，借记"待处理财产损溢"等科目，贷记"应交税费——应交增值税（进项税额转出）"科目。

缴纳的本期增值税，借记"应交税费——应交增值税（应交税金）"科目，贷记"银行存款"科目。

在实际工作中，本期应交增值税一般在次月 15 日前缴纳。所以，月末计算本期增值税应纳税额时，若本期有应交未交增值税，需转出未交增值税，借记"应交税费——应交增值税（转出未交增值税）"科目，贷记"应交税费——未交增值税"科目。

【例题 11·多项选择题】　一般纳税人还应当在"应交税费——应交增值税"二级科目下设置（　　）等专栏。

A. 进项税额　　　　　　　　B. 销项税额
C. 进项税额转出　　　　　　D. 已交税金
E. 未交增值税

【答案】　ABCD

【解析】　一般纳税人应当在"应交税费——应交增值税"二级科目下设置"进项税额""已交税金""减免税款""出口抵减内销产品应纳税额""转出未交增值税""销项税额""出口退税""进项税额转出""转出多交增值税"等 9 个专栏，并按规定进行核算。"未交增值税"属于"应交税费"的二级科目，"应交税费——未交增值税"核算一般纳税人月终转入的未交增值税或多交增值税，以及次月初缴纳增值税的情况。

3. 应交消费税的核算

消费税是对生产、委托加工及进口应税消费品（主要指烟、酒、化妆品、高档次及高能耗的消费品等）征收的一种税。根据我国税法规定，消费税实行价内征收方式。

（1）销售需要缴纳消费税的物资应交的消费税，借记"税金及附加"等科目，贷记"应交税费——应交消费税"科目。

（2）以生产的产品用于集体福利等，按照税法规定应缴纳的消费税，借记"应付职工薪酬"等科目，贷记"应交税费——应交消费税"科目。

（3）缴纳的消费税，借记"应交税费——应交消费税"科目，贷记"银行存款"科目。

【例题 12·单项选择题】 销售需要交纳消费税的物资应交的消费税,借记(   )科目。

A. "管理费用"   B. "主营业务成本"

C. "税金及附加"   D. "营业外支出"

【答案】 C

【解析】 销售需要缴纳消费税的物资应交的消费税,借记"营业税金及附加"等科目,贷记"应交税费——应交消费税"科目。

4. 应交城市维护建设税和教育费附加的核算

5. 其他应交税费的核算

六、应付利润

1. 应付利润的含义

应付利润是指小企业在接受投资或联营、合作期间,按协议或合同规定应支付给投资者或合作伙伴的利润,包括应付国家、其他单位以及个人的投资利润。

应付利润反映了小企业与投资者之间分配与取得投资回报的关系。小企业根据相关法律、法规的规定或根据投资协议或合同约定应向投资者分配利润,在未支付给投资者之前,形成小企业的一项负债。

【例题 13·单项选择题】 小企业宣告分配给投资者的利润时,贷方涉及的会计科目是(   )。

A. "应付股利"   B. "应付利润"

C. "利润分配"   D. "盈余公积"

【答案】 B

【解析】 在 2013 年生效的《小企业会计准则》附录——会计科目和主要账务处理中并没有"应付股利"科目,而是设置"应付利润"科目,核算小企业分配给投资者的利润。因为执行《小企业会计准则》的都是小公司,小公司是肯定没有上市的,所以称不上是应付股利,故将该科目称为"应付利润"。

2. 应付利润的核算

为了核算小企业应付给投资者的利润分配及实际支付情况,应单独设置"应付利润"科目进行核算。其贷方登记应支付的利润,借方登记实际支付的利润,期末贷方余额反映小企业应付未付的利润。本科目按照投资者进行明细核算。

七、长期借款

1. 长期借款的含义及特征

长期借款是指小企业向银行或其他金融机构借入的期限在 1 年以上(不含 1 年)的各种借款。小企业的长期借款一般用于固定资产的购建、改扩建工程、大修理工程、对外投资以及为了保持长期经营能力等方面。它是企业长期负债的重要组成部分,必须对其加强管理与核算。

【例题 14·判断题】 长期借款是指小企业向银行或其他金融机构借入的期限在 1 年以上(含 1 年)的各项借款本金。   (   )

【答案】 错误

【解析】 长期借款是指小企业向银行或其他金融机构借入的期限在 1 年以上(不含 1 年)

的各项借款本金。

长期借款的特征如图 4-2 所示。

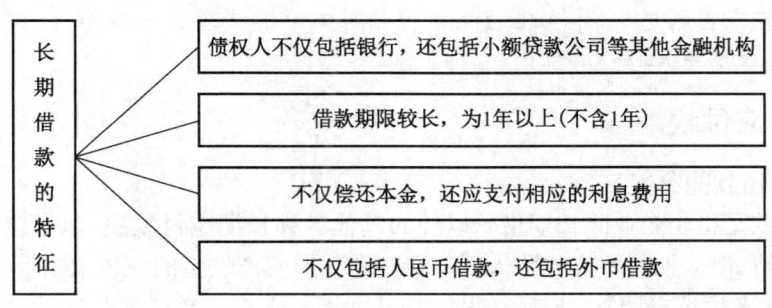

图 4-2 长期借款的特征

2. 长期借款的核算

小企业应当设置"长期借款"科目,用来核算小企业向银行或其他金融机构借入的期限在 1 年以上(不含 1 年)的各种借款本金。该科目按照借款种类、贷款人和币种进行明细核算,其贷方登记长期借款本金的增加额,借方登记长期借款本金的减少额,期末贷方余额反映小企业尚未偿还的长期借款本金。

【例题 15·单项选择题】 小企业"长期借款"科目的期末贷方余额表示( )。

A. 尚未偿还的利息 B. 尚未借入的本金

C. 尚未偿还的本金和利息 D. 尚未偿还的本金

【答案】 D

【解析】 小企业"长期借款"的期末贷方余额反映小企业尚未偿还的长期借款本金。

3. 长期借款的利息费用

小企业长期借款利息费用的计提时点为借款合同所约定的应付利息日,即长期借款利息费用的计提时点既不是资产负债表日,也不是实际支付利息日。如果长期借款没有合同或协议约定的付息日期,则不需要预提利息费用。

(1)小企业为购置或建造固定资产、无形资产和经过 1 年以上才能达到可销售状态的存货发生借款费用的,在有关资产购置或建造期间发生的合理的借款费用,应当作为资本性支出计入有关资产的成本。其他借款费用应当在发生时根据其实际发生额确认为费用,计入财务费用。相关借款所发生的存款利息,停止资本化之前,应冲减资产成本。

(2)在应付利息日,小企业应当按照借款本金和借款合同利率计提利息费用,借记"财务费用""在建工程"等科目,贷记"应付利息"科目。

【例题 16·单项选择题】 小企业长期借款利息费用的计提时点是( )。

A. 借款合同所约定的应付利息日 B. 每月月末

C. 至少年末 D. 每季季末

【答案】 A

【解析】 小企业长期借款利息费用的计提时点为借款合同所约定的应付利息日。

【例题 17·多项选择题】 小企业应当按照长期借款本金和借款合同规定的利率在应付利息日计提利息费用,可能涉及的会计科目有( )。

A."财务费用" B."在建工程"

C. "其他应付款"　　　　　　　　　　D. "应付利息"

【答案】 ABD

【解析】 在应付利息日,小企业应当按照借款本金和借款合同利率计提利息费用,借记"财务费用""在建工程"等科目,贷记"应付利息"科目。

八、长期应付款

1. 长期应付款的含义

长期应付款是指小企业除长期借款以外的其他各种长期应付款项,包括应付融资租入固定资产的租赁费、以分期付款方式购入固定资产和无形资产发生的应付款项等。

【例题18·多项选择题】 下列各项中,属于小企业非流动负债的是( )。

A. 应付债券　　　　　　　　　　B. 应付利息

C. 长期借款　　　　　　　　　　D. 长期应付款

【答案】 CD

【解析】 小企业会计科目中,不设置"应付债券"科目。

2. 长期应付款的核算

(1) 应付融资租入固定资产租赁费。小企业融资租入固定资产,应当在租赁开始日,按租赁协议或者合同约定的付款总额以及运输费、途中保险费、安装调试费以及融资租入固定资产竣工决算前或达到预定用途前发生的利息支出和汇兑损失等,借记"固定资产——融资租入固定资产"科目,按租赁协议或者合同确定的付款总额,贷记"长期应付款"科目,按应支付的其他相关税费,贷记"银行存款""应付账款"等科目。按期支付融资租赁费时,借记"长期应付款"科目,贷记"银行存款"科目。租赁期满,如合同规定将固定资产所有权转归承租企业,应当进行转账,将固定资产从"融资租入固定资产"明细科目转入有关明细科目。

【例题19·单项选择题】 小企业融资租入固定资产时,应在租赁期开始日,将租赁协议或者合同约定的( ),作为租入资产的入账价值。

A. 公允价值

B. 最低租赁付款额

C. 账面价值

D. 付款总额和相关税费等

【答案】 D

【解析】 小企业融资租入固定资产,应当在租赁开始日,按租赁协议或者合同约定的付款总额以及运输费、途中保险费、安装调试费以及融资租入固定资产竣工决算前或达到预定用途前发生的利息支出和汇兑损失等作为租入资产的入账价值。

(2) 分期付款购入固定资产应付款。小企业以分期付款方式购入固定资产,应当按照实际支付的购买价款和相关税费(不包括按照税法规定可抵扣的增值税进项税额),借记"固定资产"或"在建工程"科目,按照税法规定可抵扣的增值税进项税额,借记"应交税费——应交增值税(进项税额)"科目,贷记"长期应付款"科目。

【例题20·多项选择题】 下列各项中,应计入小企业长期应付款的是( )。

A. 应付经营租入固定资产的租金

B. 以分期付款方式购入存货发生的应付款

C. 应付融资租入固定资产租赁费

D. 以分期付款方式购入固定资产发生的应付款

【答案】　CD

【解析】　长期应付款是指小企业除长期借款以外的其他各种长期应付款项,包括应付融资租入固定资产的租赁费、以分期付款方式购入固定资产和无形资产发生的应付款项等。

 思 考 与 练 习

一、单项选择题

1. 小企业支付银行承兑汇票的手续费,借记(　　)科目。

A. "生产成本"　　　　　　　　　　B. "管理费用"

C. "销售费用"　　　　　　　　　　D. "财务费用"

2. 应付利息日,应当按照(　　)计算确定短期借款的利息费用。

A. 借款合同利率　　　　　　　　　B. 实际利率

C. 约定利率　　　　　　　　　　　D. 浮动利率

3. 商业承兑汇票到期,小企业无力支付票款的,应当贷记(　　)科目。

A. "应付票据"　　　　　　　　　　B. "应付账款"

C. "短期借款"　　　　　　　　　　D. "预付账款"

4. 我国《小企业会计准则》第四十七条规定,小企业确实无法偿付的应付款项,应当计入(　　)。

A. 管理费用　　　　　　　　　　　B. 资本公积

C. 营业外收入　　　　　　　　　　D. 营业外支出

5. 小企业向购货方预收的款项,应贷记(　　)科目。

A. "预收账款"　　　　　　　　　　B. "应收账款"

C. "应付账款"　　　　　　　　　　D. "预付账款"

6. 向购货方退回多预付的款项时,应借记(　　)科目。

A. "预收账款"　　　　　　　　　　B. "其他应收款"

C. "应付账款"　　　　　　　　　　D. "预付账款"

7. 管理部门人员的职工薪酬和因解除与职工的劳动关系给予的补偿,应借记(　　)科目。

A. "销售费用"　　　　　　　　　　B. "管理费用"

C. "财务费用"　　　　　　　　　　D. "营业外支出"

8. 支付工会经费和职工教育经费用于工会活动和职工培训,应借记(　　)科目。

A. "销售费用"　　　　　　　　　　B. "管理费用"

C. "财务费用"　　　　　　　　　　D. "应付职工薪酬"

9. 若小企业本月销售额未超过起征点的,免征增值税。应借记"应交税费——应交增值税"科目,贷记(　　)科目。

A. "销售费用"　　　　　　　　　　B. "管理费用"

C. "营业外收入"　　　　　　　　　D. "营业外支出"

10. 用于购建固定资产的长期借款,在所购建的固定资产达到预定可使用状态之前,符合资本化条件的利息费用应计入(   )。

A. 长期借款   B. 在建工程

C. 财务费用   D. 长期待摊费用

二、多项选择题

1. 以下属于应付及预收款项的有(   )。

A. 短期借款   B. 应付票据

C. 应付账款   D. 预收账款

E. 其他应付款

2. 应交税费是指小企业按照税法等规定计算的应缴纳的各种税费,包括(   )。

A. 增值税   B. 消费税

C. 城市维护建设税   D. 企业所得税

E. 个人所得税

3. 关于小规模纳税人,下列说法中,正确的是(   )。

A. 只能开具普通发票

B. 使用简易办法计税

C. 增值税征收率为 3%

D. 只需在"应交税费"科目下设置"应交增值税"明细科目

4. 小企业按照税法规定计算的应交税费,借记"税金及附加"科目的有(   )。

A. 增值税   B. 城市维护建设税

C. 教育费附加   D. 房产税

E. 车船税

5. 小企业借款费用停止资本化的时点为(   )。

A. 竣工决算前   B. 达到预定用途

C. 达到预定可销售状态前   D. 达到预定可使用状态

三、判断题

1. 我国《小企业会计准则》规定,小企业的负债按照其流动性,可分为流动负债和非流动负债。   (   )

2. 短期借款应当按照借款本金和确定的银行借款利率按期计提利息,计入当期损益。
                                                              (   )

3. 预收账款虽然表现为小企业货币资金的增加,但它并不是小企业的收入,其实质是一项负债,要求小企业在短期内以某种商品或提供劳务、服务来补偿。   (   )

4. 小企业缴纳的印花税、耕地占用税等不需要提前预计应交税费,也通过"应交税费"科目核算。   (   )

5. 小企业长期借款利息费用的计提时点既不是资产负债表日,也不是实际支付利息日,而是借款合同所约定的应付利息日。   (   )

四、计算及账务处理题

1. 2×19 年 7 月 1 日,甲公司从银行贷款 100 000 元,年利率 6‰,期限为 6 个月,借款合同约定,按季支付利息,到期归还本金。

要求:编制甲公司取得短期借款、每月月末计提借款利息、季度末支付借款利息、短期借款到期偿还的会计分录。

2. 甲公司为一般纳税人,2×19 年 7 月发生如下业务:

(1) 销售商品一批,开具的增值税专用发票上注明价款 300 000 元,增值税额 48 000 元,价税合计 348 000 元,款项尚未收到。

(2) 将不含增值税价值为 20 000 元的库存商品发放给职工作为福利,其市场价格为 30 000 元。

(3) 当月购进商品,取得的增值税专用发票上注明价款 320 000 元,增值税额 51 200 元,价税合计 371 200 元,商品已验收入库,货款尚未支付。

要求:分别编制上述业务的会计分录。

3. 丙公司于 2×19 年 1 月 1 日从银行借入资金 1 000 000 元,借款期限为 2 年,年利率 7.6%(到期一次还本,按年付息),借款已存入银行。公司于取得借款当日购入不需安装设备一台,价款为 840 000 元,增值税税率 16%,另支付运杂费、保险费等 17 200 元,设备已于当日投入使用。

要求:编制丙公司的下列会计分录:

(1) 2×19 年 1 月 1 日,借入款项时的账务处理。

(2) 购入固定资产的账务处理。

(3) 2×19 年 12 月 31 日,计提并偿还借款利息的账务处理。

(4) 2×20 年 12 月 31 日,到期还本付息的账务处理。

第五章 所有者权益

本章基本内容框架

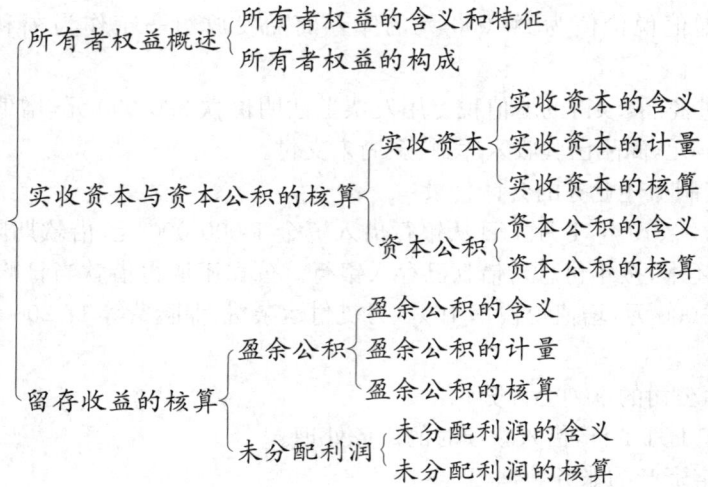

重点、难点讲解及典型例题

一、所有者权益的构成

小企业的所有者权益按其来源,可分为投入资本和留存收益等,如图 5-1 所示。

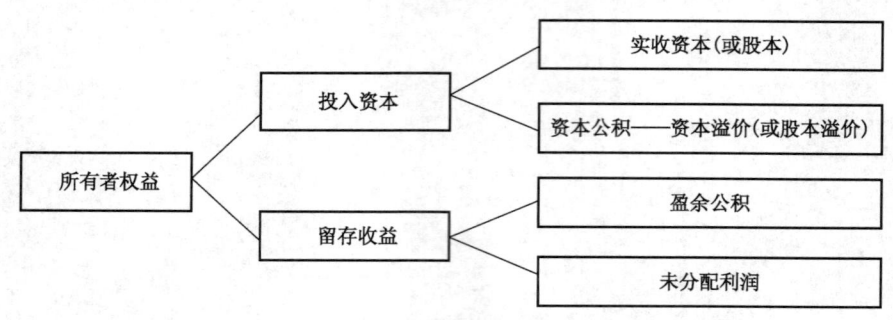

图 5-1　所有者权益的构成

【例题 1·多项选择题】 所有者权益的来源包括( )。

A. 投资者投入企业的资本

B. 投资者投入企业的资本超过注册资本中所占份额的部分

C. 小企业按照法规规定在税后利润中提取的法定公积金和任意公积金

D. 未分配利润

【答案】 ABCD

【解析】 小企业的所有者权益按其来源,可分为投入资本和留存收益等。投入资本既包括构成企业注册资本或者股本部分的金额,即为实收资本,也包括投入资本超过注册资本或股本部分的金额,即资本溢价或股本溢价。留存收益包括企业的盈余公积和未分配利润两部分。

二、实收资本与资本公积的核算

实收资本是指投资者按照合同协议约定或相关规定投入小企业、构成小企业注册资本的部分。资本公积是指小企业收到的投资者出资额超过其在注册资本或股本中所占份额的部分。

投资者以现金方式出资的,应当按照其在小企业注册资本或股本中所占的份额确认实收资本,实际收到或存入小企业开户银行的金额超过实收资本的部分,确定为资本公积。投资者以非货币性资产方式出资,非货币性资产的金额应当按照评估价值确定。

【例题2·单项选择题】 小企业华夏公司由甲、乙、丙三方出资300万元组建。2年后,为扩大经营规模,经批准,小企业华夏公司的注册资本增加到400万元。经与甲、乙、丙协商同意,丁投资者愿以银行存款50万元和一项固定资产投资,占小企业华夏公司注册资本的1/4。该固定资产的评估价值为80万元,假设不考虑相关税费,则小企业华夏公司收到丁投资者投入资本时应作会计处理是( )。

A. 借:银行存款   500 000
   固定资产   800 000
    贷:实收资本——丁   1 300 000

B. 借:银行存款   500 000
   固定资产   800 000
    贷:实收资本——丁   1 000 000
     资本公积——资本溢价   300 000

C. 借:银行存款   500 000
   固定资产   800 000
    贷:实收资本——丁   750 000
     资本公积——资本溢价   550 000

D. 借:银行存款   500 000
   固定资产   250 000
    贷:实收资本——丁   750 000

【答案】 B

【解析】 增资后小企业华夏公司的注册资本为400万元,丁投资者投资占小企业华夏公司注册资本的1/4,所以实收资本的金额为100万元,投资者丁总投资额130万元(银行存款50万元和固定资产评估价值80万元),超过100万元的部分计入资本公积。

三、留存收益的核算

留存收益是指企业从历年实现的利润中提取或留存于企业的内部积累,它来源于企业的生产经营活动所实现的净利润,包括企业的盈余公积和未分配利润两部分。

盈余公积可用于弥补亏损、转增资本、扩大企业生产经营。

【例题 3·多项选择题】 关于留存收益,下列说法中,正确的是（　　）。

A. 留存收益包括资本公积和未分配利润

B. "盈余公积"科目应分别设置"法定盈余公积""任意盈余公积"明细科目进行明细核算

C. 年末"利润分配——盈余公积补亏"明细科目的余额应转入"利润分配——未分配利润"科目

D. 未分配利润是留存在本企业的、历年结存的利润

【答案】 BCD

【解析】 留存收益包括企业的盈余公积和未分配利润两部分。年度终了,将"利润分配"科目所属明细科目(提取法定盈余公积、提取任意盈余公积、盈余公积补亏、应付利润)的余额,转入"未分配利润"明细科目。结转后,"利润分配"科目除"未分配利润"明细科目外,其他明细科目应无余额。

【例题 4·单项选择题】 小企业华夏公司年初未分配利润为 10 万元,盈余公积为 4 万元。本年净利润为 100 万元,按 10% 计提法定盈余公积,按 10% 计提任意盈余公积。该小企业期末留存收益的金额为（　　）万元。

A. 80　　　　　　　　　　　　B. 94

C. 100　　　　　　　　　　　　D. 114

【答案】 D

【解析】 留存收益的金额＝14(期初)＋100(本年)＝114(万元)。提取法定盈余公积和任意盈余公积只是留存收益内各项目的变动,但不会引起留存收益总额的变动。相关分录如下:

借:本年利润　　　　　　　　　　　　　　　　　　　　　　　1 000 000
　　贷:利润分配——未分配利润　　　　　　　　　　　　　　　　　　1 000 000

借:利润分配——提取法定盈余公积　　　　　　　　　　　　　　　100 000
　　　　　　　——提取任意盈余公积　　　　　　　　　　　　　　　100 000
　　贷:盈余公积——法定盈余公积　　　　　　　　　　　　　　　　　100 000
　　　　　　　——任意盈余公积　　　　　　　　　　　　　　　　　100 000

借:利润分配——未分配利润　　　　　　　　　　　　　　　　　200 000
　　贷:利润分配——提取法定盈余公积　　　　　　　　　　　　　　　100 000
　　　　　　　——提取任意盈余公积　　　　　　　　　　　　　　　100 000

 思考与练习

一、单项选择题

1. 小企业收到投资者出资超过其在注册资本中所占份额的部分,应通过（　　）科目核算。

A. 资本公积　　　　　　　　　　B. 盈余公积

C. 实收资本　　　　　　　　　　D. 未分配利润

2. 关于实收资本,下列说法中,错误的是(　　)。

A. 实收资本是指投资者按照合同协议约定或相关规定投入小企业、构成小企业注册资本的部分

B. 实收资本一般情况下无须偿还,可以长期周转使用

C. 小企业根据有关规定增加注册资本,应贷记"实收资本"科目

D. 小企业收到投资者的出资,按照实际收到的金额,贷记"实收资本"科目

3. 下列项目中,属于小企业资本公积核算内容的是(　　)。

A. 资本溢价

B. 直接计入所有者权益的利得

C. 直接计入所有者权益的损失

D. 小企业收到投资者的出资额

4. 小企业根据有关规定用资本公积转增资本,应借记"资本公积"科目,贷记(　　)科目。

A. "银行存款"　　　　　　　　　　B. "盈余公积"

C. "实收资本"　　　　　　　　　　D. "未分配利润"

5. 小企业经股东会或类似机构决议,用资本公积转增资本时,应冲减(　　)。

A. 资本公积(资本溢价或股本溢价)

B. 资本公积(其他资本公积)

C. 盈余公积

D. 未分配利润

6. 下列各项中,不构成小企业留存收益的有(　　)。

A. 资本公积　　　　　　　　　　　B. 未分配利润

C. 任意盈余公积　　　　　　　　　D. 法定盈余公积

二、多项选择题

1. 小企业"利润分配"科目的核算内容包括(　　)。

A. 企业利润的分配

B. 企业亏损的弥补

C. 历年分配后的未分配利润

D. 历年弥补后的未弥补亏损

2. 下列关于小企业资本公积的说法中,正确的有(　　)。

A. 资本公积由全体股东享有,其形成有其特定的来源,与小企业的净利润无关

B. 小企业资本公积的内容主要包括资本溢价(或股本溢价)和其他资本公积

C. 小企业的资本公积可用于弥补亏损

D. 资本公积是指小企业收到的投资者出资额超过其在注册资本或股本中所占份额的部分

3. 下列各项中,不会引起所有者权益总额发生变动的有(　　)。

A. 用盈余公积转增资本

B. 股东会宣告分配利润

C. 提取任意盈余公积

D. 接受投资者投入资本

4. 下列关于盈余公积的会计处理中,正确的有（　　）。

A. 小企业按照规定提取的法定公积金时:

借:利润分配——提取法定盈余公积
　贷:盈余公积——法定盈余公积

B. 小企业用盈余公积弥补亏损时:

借:盈余公积
　贷:利润分配——盈余公积补亏

C. 小企业用盈余公积转增资本时:

借:盈余公积
　贷:实收资本

D. 小企业(外商投资)按照规定提取储备基金时:

借:利润分配——提取储备基金
　贷:盈余公积——储备基金

5. 小企业接受投资者投资时,可能发生变化的会计科目有（　　）。

A. 资本公积　　　　B. 盈余公积　　　　C. 实收资本　　　　D. 利润分配

三、判断题

1. 小企业的所有者权益按其来源,可分为投入资本、留存收益和直接计入所有者权益的利得和损失等。　　　　　　　　　　　　　　　　　　　　　　　　　　　　（　　）

2. 小企业根据有关规定用资本公积转增资本,无需作账务处理。　　　　　（　　）

3. 小企业盈余公积不得用于弥补亏损。　　　　　　　　　　　　　　　（　　）

4. 小企业用盈余公积或资本公积转增资本,均不影响所有者权益总额的变化。　（　　）

5. 年末,小企业的"利润分配"科目除"未分配利润"明细科目外,其他明细科目应无余额。
　　　　　　　　　　　　　　　　　　　　　　　　　　　　　　　　　　（　　）

四、计算及账务处理题

1. 甲小企业 2×19 年 1 月 1 日由 A、B 两个投资者各出资 100 000 元成立。11 月 30 日,"资本公积——资本溢价"科目贷方余额为 4 000 元。12 月 1 日,A、B 两个投资者决定吸收 C、D 两位新投资者加入甲小企业。经有关部门批准后,甲小企业将注册资本增加到 400 000 元。经四方协调,一致同意,完成下述投入后,各占甲小企业 1/4 的股份。各投资者的出资情况如下:

投资者 C 以 120 000 元投入甲小企业,12 月 10 日收到款项并存入银行;

投资者 D 以一项无形资产投入甲小企业,该无形资产的评估价值为130 000 元。

要求:

(1)编制甲小企业 12 月份上述相关的会计分录。

(2)计算资本公积的期末余额。

2. 甲小企业 2×19 年年末发生如下经济业务：

(1) 按照税后利润的 10% 提取法定盈余公积 10 000 元, 提取任意盈余公积 10 000 元。

(2) 经股东会决议, 将法定盈余公积 50 000 元转增资本。

(3) 宣告向投资者分配利润 60 000 元。

要求：

(1) 编制甲小企业提取盈余公积的会计分录。

(2) 编制甲小企业将法定盈余公积转增资本的会计分录。

(3) 编制甲小企业宣告向投资者分配利润的会计分录。

(4) 编制甲小企业期末结转"利润分配"科目所属明细科目的会计分录。

第六章 收 入

本章基本内容框架

收入概述 { 收入的定义
收入的特征

销售商品收入的核算 { 销售商品收入的确认条件
不用销售方式下销售商品收入的确认时点
销售商品收入的计量及账务处理 { 一般销售业务的核算
特殊销售业务的核算

提供劳务收入的核算 { 劳务收入的确认 { 在同一会计期间开始并完成的
劳务收入的确认
劳务的开始和完成分属不同会计期间的
劳务收入的确认
劳务收入的计量及账务处理

账簿格式

与财务报告的关系

重点、难点讲解及典型例题

一、收入的定义

根据《小企业会计准则》第58条的规定:收入是指小企业在日常生产经营活动中形成的、会导致所有者权益增加、与所有者投入资本无关的经济利益的总流入。包括销售商品收入和提供劳务收入。

【例题1·多项选择题】 以下属于《小企业会计准则》所规范的收入的是(   )。

A. 销售商品收入   B. 提供劳务收入

C. 出租固定资产取得的租金收入   D. 出租包装物取得的收入

【答案】 ABC

【解析】 收入是指小企业在日常生产经营活动中形成的、会导致所有者权益增加、与所有者投入资本无关的经济利益的总流入。包括销售商品收入和提供劳务收入。出租包装物取得的收入属于营业外收入。

二、收入的特征

1. 收入是小企业在日常活动中形成的

【例题2·多项选择题】 下列符合小企业收入的是（ ）。

A. 工业小企业销售材料取得的收入

B. 农业小企业销售农产品取得的收入

C. 交通运输小企业提供道路货物运输取得的收入

D. 工业小企业出售固定资产形成的经济利益的流入

E. 餐饮小企业提供餐饮服务取得的收入

【答案】 ABCE

【解析】 农业小企业生产和销售农产品、工业和商业小企业销售产品和商品、咨询小企业提供咨询服务、软件开发小企业为客户开发软件、安装小企业提供安装服务、存储小企业提供货物存储服务、餐饮小企业提供餐饮服务、租赁小企业出租资产、物业管理小企业向业主提供物业服务等活动，由此形成的经济利益的总流入构成收入。工业小企业出售固定资产形成的经济利益净流入属于营业外收入。

【例题3·单项选择题】 工业小企业出租固定资产所取得的收入，按《小企业会计准则》与《企业所得税法》的规定，应作为（ ）处理。

A. 主营业务收入，租金收入
B. 其他业务收入，租金收入

C. 其他业务收入，财产转让收入
D. 营业外收入，财产转让收入

【答案】 B

【解析】 工业小企业出租固定资产所取得的收入，按《小企业会计准则》应计入其他业务收入。收入形成于小企业日常活动的特征使其与产生于非日常活动的利得相区分，例如，小企业处置固定资产、无形资产、因其他企业违约收取罚款等，源于日常活动以外的活动所形成的收益，通常称作利得。利得是小企业边缘性或偶发性交易或事项的结果，属于那种不经过经营过程就能取得或不曾期望获得的收益。

2. 收入能导致所有者权益的增加

3. 收入是与所有者投入资本无关的经济利益总流入

小企业根据不同的标准可以对收入进行分类。按照小企业从事日常活动的性质，可以分为销售商品收入和提供劳务收入两类。按小企业经营业务的主次，可分为主营业务收入和其他业务收入两类。

【例题4·单项选择题】 以下可以确认为小企业收入的是（ ）。

A. 小企业代收代缴的个人所得税
B. 咨询小企业提供咨询服务收入

C. 旅行社代客户购买门票
D. 旅行社代客户购买飞机票

【答案】 B

【解析】 收入只包括本小企业经济利益的流入，不包括为第三方或客户代收的款项，如小企业代收代缴的个人所得税、旅行社代客户购买门票、飞机票而收取票款等。代收的款项，一方面增加企业的资产，另一方面增加企业的负债，因此不增加企业的所有者权益，也不属于小企业的经济利益，不能作为本企业的收入。

三、销售商品收入的核算

1. 销售商品收入的确认条件

根据《小企业会计准则》第59条规定,通常情况下,小企业应当在发出商品且收到货款或取得收款权利时,确认销售商品收入。这一确认条件,表明小企业销售商品收入的确认应同时符合两个条件,发出商品(物权转移)和收到货款或取得收款权利(财权转移)。

2. 不同销售方式下销售商品收入的确认时点

《小企业会计准则》与《企业所得税法》的规定相同,销售商品收入均按照交易活动发生地确认,如表6-1所示。

表6-1　　　　　　　　不同销售和结算方式下收入确认时点

类型	收入确认时点
通常情况	在发出商品且收到货款或取得收款权利时
现金、支票、汇兑、信用证等	发出商品时
托收承付	办妥托收手续
预收货款	发出商品时
分期收款	合同约定的收款日
需要安装检验的销售	购买方接受商品以及安装和检验完毕时
	安装简单的,发出商品时
支付手续费委托代销	收到代销清单
以旧换新	新:作为商品销售;　旧:作为购进商品
以产品分成方式	分得产品之日按产品的市场价格或评估价值
附有销售退回条件	能合理估计:发出商品
	不能合理估计:退货期满时

【例题5·单项选择题】　小企业应在发出商品时即可确认收入的销售方式是(　　)。

A. 支付手续费方式委托代销商品　　　B. 分期收款销售

C. 交款提货　　　D. 托收承付

【答案】　C

【解析】　采用现金、支票、汇兑、信用证等方式销售商品,由于不存在承付问题,因此在商品办完发出手续时(即发出商品时)确认收入实现。在这种销售方式下,发出商品时收入确认的标志。

3. 销售商品收入的计量及账务处理

(1) 一般销售业务的核算。一般销售业务主要是小企业经常发生的销售业务,如采用现金、支票、汇兑、信用证等方式销售商品,由于不存在承付问题,因此在商品办完发出手续时(即发出商品时)确认收入实现。应按照《小企业会计准则》规定的时点确认收入,并结转成本。

(2) 特殊销售业务的核算,如图6-1所示。

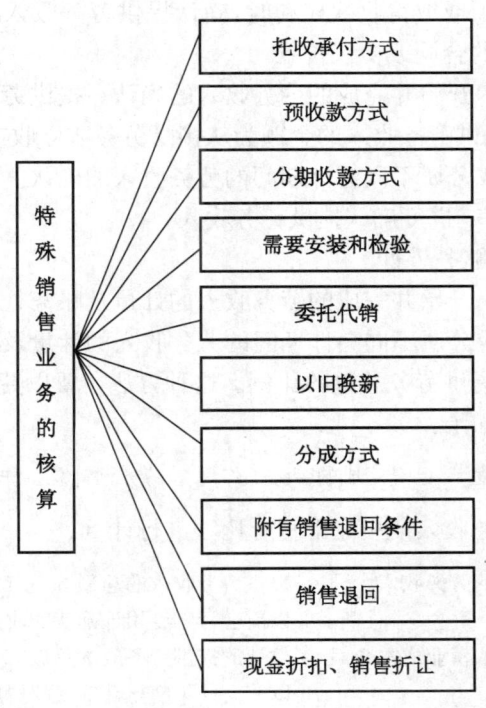

图 6-1　特殊销售业务的核算

【例题 6·单项选择题】　小企业采用产品分成方式应按照（　　）确定销售商品收入金额。

A. 从购买方已收或应收的合同或协议价款

B. 合同或协议价款的现值

C. 公允价值

D. 全部价款和价外费用

【答案】　A

【解析】　对于采用产品分成方式销售商品,根据《小企业会计准则》第六十条的规定,小企业应当按照从购买方已收或应收的合同或协议价款,确定销售商品收入金额。

【例题 7·多项选择题】　我国下列各项中,影响小企业销售商品收入金额的有（　　）。

A. 从购货方应收的合同或协议价款　　　　B. 现金折扣

C. 商业折扣　　　　　　　　　　　　　　D. 代购货方垫付的运杂费

【答案】　AC

【解析】　销售商品涉及现金折扣的,应当按照扣除现金折扣前的金额确定销售商品收入金额,即采用总价法确认收入。现金折扣应当在实际发生时,计入当期损益。销售商品涉及商业折扣的,应当按照扣除商业折扣后的金额确定销售商品收入金额。

四、提供劳务收入的核算

1. 劳务收入的确认

根据《小企业会计准则》第六十三条的规定,同一会计年度内开始并完成的劳务,应当在提供劳务交易完成且收到款项或取得收款权利时,确认提供劳务收入。提供劳务收入的金额为从接受劳务方已收或应收的合同或协议价款。

（1）在同一会计期间内开始并完成的劳务收入的确认。提供劳务收入的金额与销售商品收入的计量完全相同,即提供劳务收入的金额为从接受劳务方已收或应收的合同或协议价款。

（2）劳务的开始和完成分属不同会计期间的劳务收入的确认。劳务的开始和完成分属不同会计期间的,应当按照完工进度确认提供劳务收入。

2. 劳务收入的计量及账务处理

（1）在同一会计期间内开始并完成的劳务收入的计量及账务处理。

（2）劳务的开始和完成分属不同会计期间的劳务收入的计量及账务处理。

已经提供的劳务占应提供劳务总量的比例。这种方法主要以劳务量为标准确定劳务的完成程度。用计算公式表示如下:

$$劳务完工进度 = 已经完成的劳务工作量 \div 劳务预计总工作量 \times 100\%$$

小企业跨会计年度劳务收入使用完工百分比法进行计量。

$$本年度确认的劳务收入金额 = 提供劳务收入的总额 \times 完工进度 - 以前会计年度累计确认的收入$$

$$本年度结转的营业成本金额 = 估计的提供劳务成本总额 \times 完工进度 - 以前会计年度累计确认的费用$$

（3）同时销售商品和提供劳务收入的计量及账务处理。

【例题 8·多项选择题】 下列各项不应作为小企业会计上的收入来认定的有(　　　)。

A. 出租包装物取得的租金收入　　　　　B. 接受捐赠收入

C. 提供劳务收入　　　　　　　　　　　D. 逾期未退包装物押金收入

【答案】　ABD

【解析】　出租包装物取得的租金收入、接受捐赠收入、逾期未退包装物押金收入都应计入营业外收入。

 思考与练习

一、单项选择题

1. 下列不符合小企业收入定义的是(　　　)。

A. 农业小企业销售农产品取得的收入

B. 周转材料工业小企业销售材料取得的收入

C. 安装小企业提供安装服务

D. 工业小企业出售固定资产形成的经济利益的流入

2. 下列有关小企业收入的表述中,正确的是(　　　)。

A. 向银行借入款项,增加了银行存款,因而增加收入

B. 取得收入导致所有者权益增加,是指收入扣除相关成本费用后的净额增加所有者权益

C. 取得收入一定能增加所有者权益,但不会增加"实收资本"

D. 销售产品时代税务机关向客户收取的个人所得税应增加收入

3. 企业关于小企业销售折让、商业折扣和现金折扣,下列理解中,不正确的是(　　)。

A. 已经确认为收入的售出商品发生的销售折让,作为财务费用处理

B. 按照扣除商业折扣后的金额作为销售商品收入金额

C. 按照未扣除现金折扣前的金额确定收入金额,现金折扣在实际发生时计入当期损益

D. 享受的现金折扣应冲减当期财务费用

4. 小企业应在合同约定的收款日即可确认收入的销售方式是(　　)。

A. 支付手续费方式委托代销商品　　　　B. 分期收款销售

C. 交款提货　　　　　　　　　　　　　D. 托收承付

5. 以下不属于《小企业会计准则》所规范的收入的是(　　)。

A. 销售商品收入　　　　　　　　　　　B. 提供劳务收入

C. 出租固定资产取得的租金收入　　　　D. 出租包装物取得的收入

6. 下列不符合小企业收入的是(　　)。

A. 农业小企业销售农产品取得的收入

B. 工业小企业销售材料取得的收入

C. 餐饮小企业提供餐饮服务取得的收入

D. 工业小企业出售固定资产形成的经济利益的流入

7. 以下可以确认为小企业收入的是(　　)。

A. 小企业代收代缴的个人所得税

B. 软件开发小企业为客户开发软件

C. 旅行社代客户购买门票

D. 旅行社代客户购买飞机票

8. 我国下列各项中,影响小企业销售商品收入金额的有(　　)。

A. 从购货方应收的合同或协议价款　　　B. 现金折扣

C. 小企业代收代缴的个人所得税　　　　D. 代购货方垫付的运杂费

9. 下列各项应该作为小企业会计上的收入来认定的有(　　)。

A. 出租包装物取得的租金收入　　　　　B. 逾期未退包装物押金收入

C. 提供劳务收入　　　　　　　　　　　D. 接受捐赠收入

10. 下列各项中,不属于营业外收入的是(　　)。

A. 企业资产溢余收入　　　　　　　　　B. 补贴收入

C. 债务重组收入　　　　　　　　　　　D. 小企业提供劳务取得的收入

二、多项选择题

1. 《企业所得税法》与《小企业会计准则》在收入界定上的区别,其主要体现在(　　)。

A. 《企业所得税法》有免税收入,《小企业会计准则》没有

B. 《企业所得税法》有不征税收入,《小企业会计准则》没有

C. 《企业所得税法》与《小企业会计准则》界定收入的来源不同

D. 《企业所得税法》中的收入总额,比《小企业会计准则》收入内容更加广泛

E. 《企业所得税法》与《小企业会计准则》均按照扣除商业折扣后的金额确定销售商品收入金额

2. 小企业销售商品时,确认收入的标志有( )。

A. 已将商品所有权上的主要风险和报酬转移给购货方

B. 已发出商品

C. 收入的金额能够可靠地计量

D. 已收到货款或取得收款权利

3. 小企业下列商品销售业务不能确认为收入的有( )。

A. 尚未完成售出商品的安装或检验工作,且此项安装或检验任务是销售合同的重要组成部分

B. 预收款销售,货款已经收到,货物未发出

C. 收取手续费方式下,委托方收到代销清单的商品销售

D. 采用以旧换新方式销售的商品

E. 出租固定资产取得的租金收入

4. 《小企业会计准则》与增值税法规确认销售商品收入实现的时点可能不一致的有( )。

A. 托收承付方式　　　　　　　B. 销售退回方式

C. 预收货款方式　　　　　　　D. 委托代销方式

E. 分期收款方式

5. 下列属于小企业"其他业务收入"科目核算内容的有( )。

A. 出租无形资产取得的收入

B. 出租固定资产取得的收入

C. 出租包装物取得的收入

D. 销售材料取得的收入

E. 提供劳务取得的收入

三、判断题

1. 《小企业会计准则》将收入分为销售商品收入、提供劳务收入和让渡资产使用权收入。　　　　　　　　　　　　　　　　　　　　　　　( )

2. 不同结算方式下,《小企业会计准则》与《企业所得税法》对销售商品收入确认实现的时点规定一致。　　　　　　　　　　　　　　　　　　　( )

3. 《小企业会计准则》所称的销售商品收入与《企业所得税法》所规定的销售货物收入在构成上是一致的。　　　　　　　　　　　　　　　　　( )

4. 小企业在销售收入确认之后发生的销售折让,应在实际发生时冲减发生当期的收入,并同时冲减已结转的成本。　　　　　　　　　　　　　　( )

5. 小企业已经确认销售商品收入的售出商品发生的销售退回,不论此销售业务属于当期还是属于以前会计期间,均应当在发生时冲减退回当期销售商品收入。　( )

四、计算及账务处理题

小企业华夏公司为增值税一般纳税人,增值税税率为16%,商品销售价格不含增值税,在确认销售收入时逐笔结转销售成本。假定不考虑其他相关税费。

2×19 年 12 月份发生如下业务,请编制相应分录。

1. 12 月 1 日,小企业华夏公司销售乙产品 100 件,增值税发票上注明的价款 100 000 元,增值税额 16 000 元。华夏公司为了尽早收回货款,在合同中约定的现金折扣条件为:"2/10,1/20,n/30",假设计算现金折扣时不考虑增值税税额。请编制以下分录:

(1) 12 月 1 日销售商品。

(2) 结算货款:①如 12 月 6 日买方付清货款;②如 12 月 17 日买方付清货款;③如 12 月 25 日买方付清货款。

2. 12 月 2 日,向甲小企业销售产品 100 件,每件售价 500 元(不含增值税),单位成本 300 元。小企业华夏公司已按合同发货,货款尚未收到。该产品的增值税为 16%。小企业华夏公司已开出增值税专用发票。

3. 12 月 3 日,小企业华夏公司与甲小企业签订协议,采用预收款方式销售一批商品给甲小企业,该批商品的销售价格为 200 000 元(不含增值税额)。协议规定,甲小企业应于协议签订之日预付 60% 的货款(按销售价格计算),剩下的部分于 2×20 年 6 月 30 日付清。假定:

(1) 12 月 3 日,小企业华夏公司已收到甲小企业预付的款项。

(2) 6 月 30 日,小企业华夏公司收到甲小企业支付的剩余货款及增值税额,并将该批商品交付给了甲小企业。

(3) 该批商品的实际成本为 60 000 元。

4. 12 月 5 日,小企业华夏公司委托乙公司销售商品 2 000 件,商品已经发出,每件成本为 60 元。合同约定乙公司应按 100 元对外销售,小企业华夏公司按售价的 10% 向乙公司支付手续费。乙公司对外实际销售 1 000 件,开出的增值税专用发票上注明的销售价格为 100 000 元,增值税额为 16 000 元,款项已经收到。12 月 20 日小企业华夏公司收到乙公司开具的代销清单时,向乙公司开具一张相同金额的增值税专用发票。12 月 22 日,华夏公司收到货款。请作出华夏公司相关账务处理。

5. 11 月 22 日,小企业华夏公司赊销一批商品,增值税专用发票上注明的售价10 000元,增值税额 1 600 元。12 月 3 日,买方发现商品质量不合格,要求在价格上给予 5% 的折让。华夏公司同意折让条件。12 月 6 日,华夏公司收到货款,请作出华夏公司相关账务处理。

6. 12 月 20 日,小企业华夏公司向甲公司销售一部电梯并负责安装。小企业华夏公司开出的增值税专用发票上注明的价款合计为 2 000 000 元,其中电梯的销售价格为 1 950 000 元,安装费为 50 000 元,增值税额为 320 000 元。电梯的成本为 1 200 000 元;设备安装过程中发生安装费 31 000 元,均为安装人员工资。假定设备已经安装完成并已验收合格,款项尚未收到;安装工作是销售合同的重要组成部分。

第七章　费　　用

本章基本内容框架

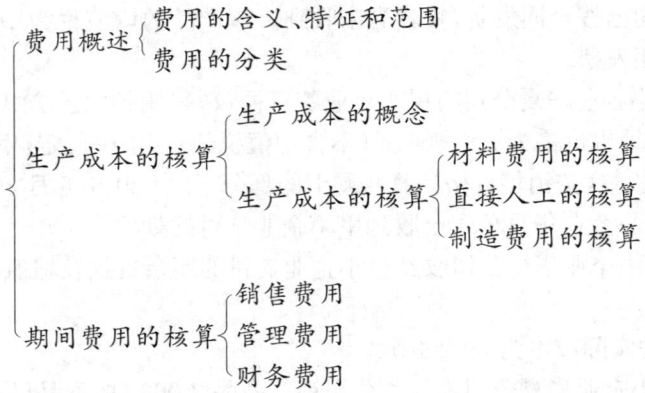

重点、难点讲解及典型例题

一、费用的含义、范围及分类

1. 费用的含义

费用是指小企业在日常生产经营活动中发生的、会导致所有者权益减少、与向所有者分配利润无关的经济利益的总流出。

费用分为狭义费用和广义费用，本章的费用为狭义的费用。

2. 费用的范围

费用具体包括成本费用和期间费用。成本费用包括营业成本、营业税金及附加等。

税金及附加是指小企业开展日常生产经营活动应负担的消费税、城市维护建设税、资源税、土地增值税、城镇土地使用税、房产税、车船税、印花税、教育费附加、矿产资源补偿费、排污费等。

期间费用包括销售费用、管理费用和财务费用。

【例题1·多项选择题】　以下属于小企业"税金及附加"科目核算的是（　　　）。

A. 消费税
B. 印花税
C. 教育费附加
D. 车船税

【答案】　ABCD

【解析】　以上税种均属于"税金及附加"科目的核算内容。

3. 费用的分类

费用按其同产量的关系可以分为固定费用和变动费用。

固定费用是指在一定产量范围内,不会随着产量的变化而变化的费用,如固定资产的折旧费(年限平均法)、管理人员的工资等。

变动费用是指会随着产量的变化而变化的费用,如原材料的费用、生产人员的计件工资等。

【例题 2·多项选择题】 以下费用属于变动费用的是(　　)。

A. 管理人员工资

B. 平均年限法计提的折旧

C. 计件工资

D. 生产所用原材料的费用

【答案】 CD

【解析】 由于 CD 随着产量的变化而变化。

【例题 3·单项选择题】 工业小企业结转销售原材料的实际成本,应记入(　　)科目。

A. "主营业务成本"　　　　　　　B. "销售费用"

C. "其他业务成本"　　　　　　　D. "营业外支出"

【答案】 C

【解析】 工业小企业销售原材料的收入确认为其他业务收入,对应结转的原材料实际成本记入"其他业务成本"科目。

二、生产成本的核算

(一)生产成本核算科目的设置

设置"生产成本"和"制造费用"科目

(二)生产成本的核算

1. 材料费用的归集和分配

对于直接用于制造产品的材料费用,能够直接确定归属对象的,直接计入各产品的生产成本中;对于几种产品共同耗用的间接材料费用,应选择适当的分配标准,分配计入各产品的成本中。

2. 职工薪酬的归集和分配

按受益对象记入相关的成本费用。

3. 制造费用的归集和分配

制造费用是指企业为生产产品和提供劳务而发生的各项间接费用,制造费用的归集应当通过"制造费用"科目进行。月末通过适当的分配方法,根据编制的"制造费用分配表",将归集的制造费用分配计入生产产品的成本中,即转入"生产成本"科目。"制造费用"科目期末一般无余额。

4. 辅助生产费用的归集和分配

5. 生产费用在月末在产品和完工产品之间的分配

完工产品成本计算如图 7-1 所示。

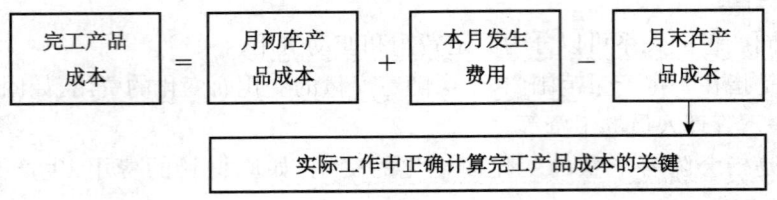

图 7-1　完工产品成本计算示意图

（三）完工产品成本的结转

完工产品成本的结转的分录如下：

借：库存商品
　　贷：生产成本

三、期间费用的核算

期间费用是指企业当期发生的、不能直接归属于某个特定产品成本的费用。由于难以判定其所归属的产品，因而不能列入产品制造成本，在发生的当期直接计入当期损益。

小企业的期间费用包括：销售费用、管理费用和财务费用。

（一）销售费用

1. 销售费用的含义

销售费用是指小企业在销售商品或提供劳务过程中发生的各项费用。

销售费用包括：销售人员的职工薪酬、商品维修费、运输费、装卸费、包装费、保险费、广告费、业务宣传费、展览费等费用。

2. 销售费用的核算

（1）发生时：

借：销售费用
　　贷：银行存款等

（2）期末结转：

借：本年利润
　　贷：销售费用

结转后无余额。

（二）管理费用

1. 管理费用的含义

管理费用是指小企业为组织和管理生产经营活动发生的其他费用。

管理费用包括小企业在筹建期间内发生的开办费、行政管理部门发生的费用（包括：固定资产折旧费、修理费、办公费、水电费、差旅费、管理人员的职工薪酬等）、业务招待费、研究费用、技术转让费、相关长期待摊费用摊销、财产保险费、聘请中介机构费、咨询费（含顾问费）、诉讼费等费用。

2. 管理费用的核算

（1）发生时：

借：管理费用

  贷：银行存款等

（2）期末结转：

借：本年利润

  贷：管理费用

结转后无余额。

【例题 4·多项选择题】 下列项目中,不属于管理费用核算的有( )。

A. 小企业在筹建期间内发生的开办费

B. 业务招待费

C. 小企业支付的矿产资源补偿费

D. 小企业采购商品运输途中的合理损耗

E. 相关长期待摊费用摊销

F. 聘请中介机构费

【答案】 CD

【解析】 小企业支付的矿产资源补偿费属于营业税金及附加的核算内容;小企业采购商品运输途中的合理损耗属于销售费用的核算内容。

（三）财务费用

1. 财务费用的含义

财务费用是指小企业为筹集生产经营所需资金发生的筹资费用。

财务费用包括:利息费用(减利息收入)、汇兑损失、银行相关手续费、小企业给予的现金折扣(减享受的现金折扣)等费用。

2. 财务费用的核算

（1）发生时：

借：财务费用

  贷：银行存款等

（2）期末结转：

借：本年利润

  贷：财务费用

结转后无余额。

小企业为购建固定资产、无形资产和经过 1 年期以上的制造才能达到预定可销售状态的存货发生的借款费用,在"在建工程""研发支出""制造费用"等科目核算,不在本科目核算。小企业发生的汇兑收益,在"营业外收入"科目核算,不在本科目核算。

【例题 5·多项选择题】 以下费用属于财务费用的是( )。

A. 利息费用   B. 汇兑损失

C. 利息收入   D. 汇兑收益

【答案】　ABC

【解析】　汇兑收益,在"营业外收入"科目核算,不在"财务费用"科目核算。

思考与练习

一、单项选择题

1. 小企业支付的银行承兑汇票手续费应计入(　　)。
A. 管理费用
B. 财务费用
C. 营业外支出
D. 其他业务成本

2. 下列各项中,不属于费用的是(　　)。
A. 主营业务成本
B. 销售费用
C. 财务费用
D. 营业外支出

3. 小企业一定期间发生的不能直接归属于某个特定产品的生产成本的费用,归属于期间费用,在发生时直接计入当期损益。期间费用不包括(　　)。
A. 管理费用
B. 制造费用
C. 销售费用
D. 财务费用

4. 某小企业 2×19 年 3 月份发生的费用有:计提车间用固定资产折旧 30 万元,发生车间管理人员工资 40 万元,支付广告费 30 万元,计提短期借款利息 10 万元,支付管理人员工资 20 万元。则该小企业当期的期间费用总额为(　　)万元。
A. 90
B. 80
C. 70
D. 60

5. 小企业经营出租固定资产的折旧应计入(　　)。
A. 其他业务成本
B. 销售费用
C. 财务费用
D. 制造费用

6. 小企业市场销售人员的工资应计入(　　)。
A. 管理费用
B. 销售费用
C. 主营业务成本
D. 制造费用

7. 小企业当月车间发生的设备大修理费用,应记入(　　)科目。
A. "销售费用"
B. "管理费用"
C. "制造费用"
D. "营业外支出"

8 小企业发生的现金折扣应计入(　　)。
A. 管理费用
B. 财务费用
C. 营业外支出
D. 其他业务成本

9. 小企业的业务招待费,应记入(　　)科目。
A. "管理费用"
B. "销售费用"
C. "其他业务支出"
D. "主营业务成本"

10. 小企业发生的汇兑损失应计入(　　)科目。
A. "管理费用"
B. "财务费用"
C. "营业外支出"
D. "其他业务成本"

二、多项选择题

1. 下列项目中,应确认为期间费用的有(　　　)。

A. 因违约支付罚款 　　　B. 支付银行借款利息

C. 对外捐赠 　　　D. 支付车间水电费

E. 采购人员的差旅费

2.《小企业会计准则》按照费用的功能对小企业的费用进行了分类,具体分为(　　　)。

A. 营业成本 　　　B. 期间费用

C. 税金及附加 　　　D. 营业外支出

E. 制造费用

3. 小企业以下支出中,应记入"管理费用"的有(　　　)。

A. 行政部门发生的修理费 　　　B. 技术转让费

C. 研究费用 　　　D. 业务招待费

E. 咨询费

4. 下列各项中,应计入销售费用的有(　　　)。

A. 随同商品出售不单独计价的包装物成本

B. 随同商品出售单独计价的包装物成本

C. 出售原材料的成本

D. 广告费

E. 库存商品的销售成本

5. 根据小企业会计制度,下列属于财务费用核算的内容有(　　　)。

A. 借款利息 　　　B. 银行存款产生的利息收入

C. 外币借款产生的汇兑损失 　　　D. 外币借款产生的汇兑收益

E. 销售货款产生的坏账损失

三、判断题

1. 小企业销售商品收入和提供劳务收入已予确认的,应当将已销售商品和已提供劳务的成本作为营业成本结转至当期损益。(　　　)

2. 小企业向税务机关缴纳税收滞纳金及罚款应在"营业税金及附加"科目核算。(　　　)

3. 小企业出售不动产应向税务机关缴纳的增值税应在"应交税费——应交增值税(销项税额)"科目核算。(　　　)

4. 零售小企业在购买商品过程中发生的费用(包括运输费、装卸费、包装费、保险费、运输途中的合理损耗和入库前的挑选整理费等),应计入所购入商品的成本。(　　　)

5. 小企业在筹建期间发生的开办费不能计入管理费用核算。(　　　)

四、计算及账务处理

1. 2×19年2月,小企业华夏公司应交消费税53 000元,应交城市维护建设税3 710元,应交教育费附加1 590元。

2. 2×19年12月31日,小企业华夏公司应付职工薪酬560 000元,其中一车间生产甲产品工人的工资430 000元、一车间管理人员的工资30 000元、机修车间人员的工资8 000元、公司管理人员的工资 80 000 元、专设销售机构的工资12 000 元。

3. 2×19 年 2 月,小企业华夏公司经过核算,甲产品生产成本 276 000 元,乙产品生产成本 194 000 元。作出月末结转本期完工产品成本的会计分录。

4. 2×19 年 1 月,小企业华夏公司共发生销售费用 127 000 元,管理费用76 000 元,财务费用 27 000 元,请作出月末损益类科目结转的会计分录。

第八章　利润及利润分配

 本章基本内容框架

```
            ┌ 营业利润
  利润概述 ─┤ 利润总额
            └ 净利润

                                         ┌ 营业外收入的含义和范围
                              ┌ 营业外收入┤
  营业外收入及营业外支出的核算 ┤          └ 营业外收入的核算
                              │          ┌ 营业外支出的含义和范围
                              └ 营业外支出┤
                                         └ 营业外支出的核算

            ┌ 所得税费用的计算原则
            │                ┌ 所得税费用的计算步骤
  所得税费用┤ 所得税费用的计算┤ 纳税调整项目
            │                └ 减免所得税额和抵免所得税额的确定
            └ 所得税费用的核算

                              ┌          ┌ 账户设置
                              │ 本年利润 ┤
  本年利润及利润分配的核算    ┤          └ 本年利润的核算
                              │          ┌ 利润分配的顺序
                              └ 利润分配 ┤
                                         └ 利润分配的核算
```

 重点、难点讲解及典型例题

一、利润的计算

营业利润 ＝ 营业收入 － 营业成本 － 税金及附加 － 销售费用 － 管理费用 － 财务费用 ＋ 其他收益 ＋
　　　　　投资收益(－投资损失)＋资产处置收益(－资产处置损失)

利润总额 ＝ 营业利润 ＋ 营业外收入 － 营业外支出

净利润 ＝ 利润总额 － 所得税费用

【例题1·单项选择题】　某小企业本期主营业务收入100万元,主营业务成本80万元,
其他业务收入20万元,其他业务成本11万元,销售费用5万元,管理费用6万元,财务费用3
万元,营业外收入5万元,营业外支出2万元,投资收益2万元,假定不考虑其他因素,该小企
业本期的营业利润为(　　)万元。

　　A. 17　　　　　　　　　B. 16　　　　　　　　　C. 20　　　　　　　　　D. 25

【答案】　A

【解析】　营业利润＝100＋20－80－11－5－6－3＋2＝17（万元）

【例题2·多项选择题】　下列属于小企业营业利润项目的是（　　）。

A. 投资收益　　　　　　　　　　　　B. 出租无形资产收入

C. 管理费用　　　　　　　　　　　　D. 出售无形资产收入

E. 出售材料收入　　　　　　　　　　F. 出售固定资产收入

【答案】　ABCDEF

【解析】　营业利润是指营业收入减去营业成本、营业税金及附加、销售费用、管理费用、财务费用，加上投资收益（或减去投资损失）后的金额。出租无形资产收入应计入其他业务收入，出售无形资产、固定资产的净收入应计入资产处置损益，出售材料收入应计入其他业务收入。

二、营业外收入及营业外支出的范围

1. 营业外收入的范围

小企业的营业外收入包括：政府补助利得、捐赠收益、盘盈收益、汇兑收益、出租包装物和商品的租金收入、逾期未退包装物押金收益、确定无法偿付的应付款项、已作坏账损失处理后又收回的应收款项、违约金收益等。

2. 营业外支出的范围

小企业的营业外支出包括：存货的盘亏、毁损、报废损失，非流动资产毁损、报废净损失，坏账损失和无法收回的长期债券投资损失，无法收回的长期股权投资损失，自然灾害等不可抗力因素造成的损失，税收滞纳金，罚金与罚款，被没收财物的损失，捐赠支出，赞助支出等。

【例题3·单项选择题】　下列不属于小企业营业外收入的是（　　）。

A. 接受捐赠收益　　　　　　　　　　B. 出租固定资产的租金收入

C. 确实无法偿付的应付款项　　　　　D. 汇兑收益

E. 盘盈收益　　　　　　　　　　　　F. 逾期未退包装物押金收益

【答案】　B

【解析】　出租固定资产的租金收入应计入其他业务收入。

【例题4·单项选择题】　下列不属于小企业营业外支出的是（　　）。

A. 税收滞纳金　　　　　　　　　　　B. 坏账损失

C. 赞助支出　　　　　　　　　　　　D. 汇兑损失

E. 无法收回的长期股权投资损失　　　F. 存货的盘亏

【答案】　D

【解析】　汇兑损失应计入财务费用。

三、所得税费用的计算

所得税费用 ＝ 应纳税额

应纳税额 ＝ 应纳税所得额×适用税率－减免税额－抵免税额

应纳税所得额 ＝ 利润总额＋纳税调整增加额－纳税调整减少额－弥补以前年度亏损

所得税费用的计算如图8-1所示。

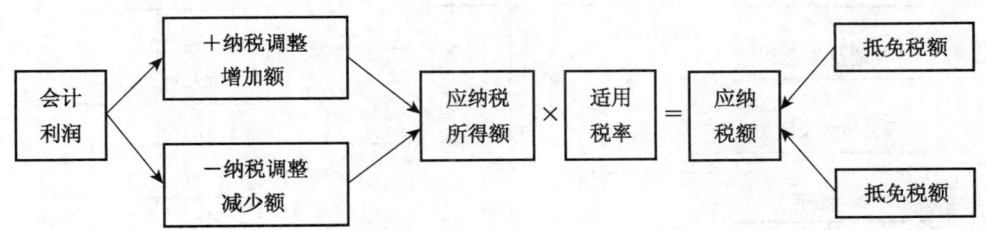

图8-1　所得税费用的计算

【例题5·单项选择题】　某小企业2×19年的利润总额为200 000元,该小企业适用的所得税税率为25%。经核对发现,该小企业2×19年度的有关支出数分别有以下调整事项:营业外支出中直接列支税收滞纳金10 000元;业务招待费经过计算超过税法规定标准的应调整数为20 000元。另外该企业2×18年底审计后认定的经营亏损金额为80 000元。假设不考虑其他因素,则该企业2×19年度所得税费用为(　　)元。

A. 37 500　　　　　B. 150 000　　　　　C. 22 500　　　　　D. 57 500

【答案】　A

【解析】　应纳税所得额＝200 000＋10 000＋20 000－80 000＝150 000(元)

所得税费用＝应纳税额＝150 000×25%＝37 500(元)

四、本年利润及利润分配的核算

1. 利润分配的核算

利润分配的核算如图8-2所示。

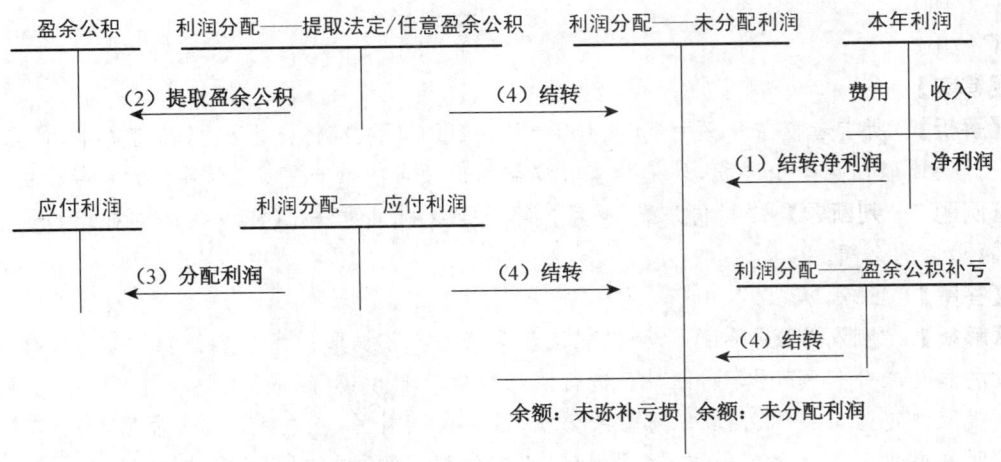

图8-2　利润分配的核算

2. 本年利润的核算

本年利润的核算如图8-3所示。

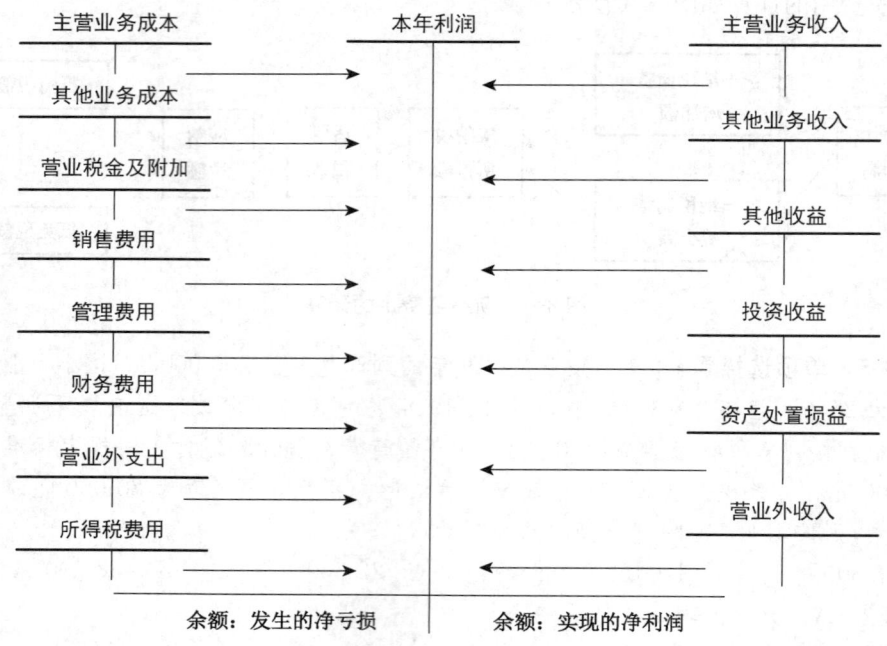

图 8-3 本年利润的核算

【例题 6·单项选择题】 某小企业 2×19 年年初所有者权益为 400 万元。为扩大经营规模,本年将资本公积 50 万元转增资本。本年实现净利润 100 万元,提取法定盈余公积 10 万元,提取任意盈余公积 10 万元,向投资者分配利润 20 万元。则该企业 2×19 年年末所有者权益总额为( )万元。

A. 480   B. 460

C. 410   D. 530

【答案】 A

【解析】 所有者权益总额＝400＋100－20＝480(万元),将资本公积转增资本、提取法定盈余公积、提取任意盈余公积,只是所有者权益内部项目的增减变动,不影响所有者权益总额。

【例题 7·判断题】 "利润分配"科目核算小企业利润的分配(或亏损的弥补)和历年分配(或弥补)后的余额。   ( )

【答案】 正确

【解析】 "利润分配"科目下设"提取法定盈余公积""提取任意盈余公积""盈余公积补亏""应付利润""未分配利润"等明细科目进行明细核算。年度终了,将"利润分配"科目所属明细科目(提取法定盈余公积、提取任意盈余公积、盈余公积补亏、应付利润)的余额,转入"未分配利润"明细科目。结转后,"利润分配"科目除"未分配利润"明细科目外,其他明细科目应无余额。"未分配利润"明细科目的贷方余额,就是未分配利润的数额;若出现借方余额,则表示未弥补亏损的数额。

思考与练习

一、单项选择题

1. 某小企业 2×19 年度营业利润为 280 万元,主营业务收入为 452 万元,销售费用为 12 万元,管理费用为 10 万元,营业外收入为 40 万元,投资收益为 8 万元,营业外支出为 20 万元,所得税税率为 25%。假定不考虑其他因素,该小企业 2×19 年度的净利润为(　　)万元。

A. 225　　　　　　B. 255　　　　　　C. 235.5　　　　　　D. 200

2. 某小企业 2×19 年 8 月主营业务收入为 150 万元,主营业务成本为 80 万元,管理用固定资产计提折旧为 5 万元,固定资产盘亏损失为 2 万元,投资收益为 10 万元,罚款支出为 10 万元。假定不考虑其他因素,该小企业当月的营业利润为(　　)万元。

A. 43　　　　　　B. 65　　　　　　C. 68　　　　　　D. 75

3. 某小企业 2×18 年发生亏损 200 万元,2×19 年实现利润总额为 500 万元,其中包括国债利息收入 20 万元;在营业外支出中有税收滞纳金罚款 30 万元,所得税税率为 25%,假定不考虑其他相关因素,则该小企业 2×19 年的所得税费用为(　　)万元。

A. 127.5　　　　　　B. 75　　　　　　C. 70　　　　　　D. 77.5

4. 下列不会影响小企业营业利润项目的是(　　)。

A. 投资收益　　　　　　　　　　B. 管理费用

C. 出售原材料收入　　　　　　　D. 捐赠收益

5. 年度终了,一般应将(　　)科目的余额转入"利润分配——未分配利润"科目的贷方。

A. "本年利润"

B. "利润分配——应付利润"

C. "利润分配——提取法定盈余公积"

D. "利润分配——提取任意盈余公积"

二、多项选择题

1. 小企业下列各项业务应通过"营业外收入"科目核算的有(　　)。

A. 汇兑收益　　　　　　　　　　B. 出租包装物和商品的租金收入

C. 转让无形资产使用权收入　　　D. 固定资产报废净收益

2. 下列属于小企业营业外支出的有(　　)。

A. 捐赠支出　　　　　　　　　　B. 罚款支出

C. 坏账损失　　　　　　　　　　D. 汇兑损失

3. 下列影响小企业利润总额的有(　　)。

A. 管理费用　　　　　　　　　　B. 财务费用

C. 所得税费用　　　　　　　　　D. 商品销售成本

4. 下列科目中,期末余额应转入本年利润的有(　　)。

A. 营业税金及附加　　　　　　　B. 投资收益

C. 营业外收入　　　　　　　　　D. 财务费用

5. 公司制小企业"利润分配"科目下应设置的明细科目主要有(　　)。

A. 未分配利润　　　　　　　　　B. 盈余公积补亏
C. 提取法定盈余公积　　　　　　D. 应付利润

三、判断题

1. 小企业确认的已作坏账损失处理后又收回的应收款项,借记"银行存款"科目,贷记"营业外收入"科目。　　　　　　　　　　　　　　　　　　　　　　　　　　　（　　　）

2. 小企业发生毁损的固定资产的净损失,应计入营业外支出科目,最终影响净利润的计算。　　　　　　　　　　　　　　　　　　　　　　　　　　　　　　　　　（　　　）

3. 小企业的所得税费用应根据应纳税所得额的一定比例。应纳税所得额是在企业税前会计利润(即利润总额)的基础上调整确定的。　　　　　　　　　　　　　　　（　　　）

4. 表结法下,每月月末均需编制转账凭证,将在账上计算出的各损益类账户的余额结转入"本年利润"科目。　　　　　　　　　　　　　　　　　　　　　　　　　（　　　）

5. 月末终了结转利润时,小企业可以将各损益类科目的余额转入"本年利润"科目,结平各损益类科目。　　　　　　　　　　　　　　　　　　　　　　　　　　　（　　　）

6. 小企业按照规定实行企业所得税、增值税、消费税等先征后返的,应当在实际收到返还的所得税、增值税(不含出口退税)、消费税时,计入营业外收入。　　　　　（　　　）

四、计算及账务处理题

1. 甲小企业 2×19 年 3 月份发生如下经济业务:

(1) 销售 A 产品 1 000 件,每件售价 200 元,货款 200 000 元,增值税税率为 16%,已收到货款和增值税款,A 产品的单位成本 160 元。

(2) 销售 B 材料 10 千克,每千克 1 000 元,每千克材料成本 600 元,收到银行承兑汇票一张。

(3) 小企业转让无形资产所有权一项,该无形资产账面余额 20 000 元,已摊销金额 4 000元,转让收入 30 000 元,为不含税收入。

(4) 发现无法支付的应付账款 50 000 元。

(5) 本月发生管理费用 8 000 元,销售费用 4 000 元,财务费用 5 000 元,均用银行存款支付。

(6) 本月固定资产盘亏净损失 10 000 元。

假设不考虑其他因素,要求:

(1) 编制上述相关会计分录。

(2) 计算甲小企业的营业利润和利润总额。

2. 甲小企业 2×19 年度的有关资料如下:

(1) 年初未分配利润为 30 万元,本年利润总额为 90 万元,适用的所得税税率为 25%。经查,甲小企业当年营业外支出中有 10 万元为税款滞纳金及罚款,投资收益中有 2 万元为国债利息收入。除此之外,不存在其他纳税调整因素。

(2) 按税后利润的 10% 提取法定盈余公积。

(3) 提取任意盈余公积 7 万元。

(4) 向投资者分配利润 30 万元。

要求：

（1）计算甲小企业本期应纳税所得额和应交所得税，并编制甲小企业确认所得税费用和结转所得税费用的会计分录。

（2）编制甲小企业提取法定盈余公积和任意盈余公积的会计分录。

（3）编制甲小企业宣告向投资者分配利润和实际分配利润的会计分录。

（4）编制结转"利润分配"其他明细科目的会计分录。

第九章 外币业务

本章基本内容框架

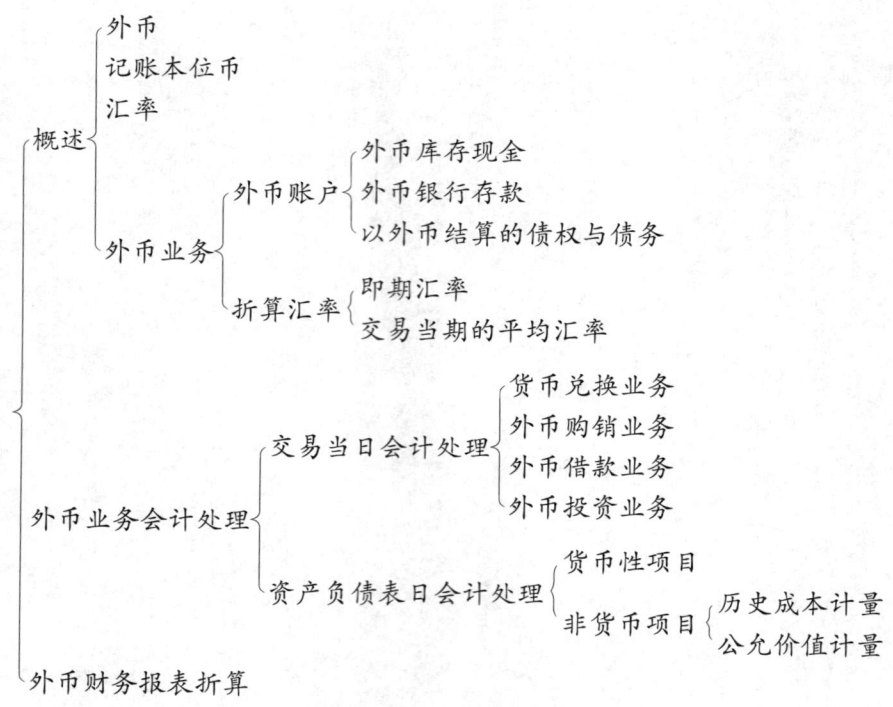

重点、难点讲解及典型例题

一、外币

外币狭义上指外国货币,即本国货币以外的其他国家或地区的流通货币,包括各种主币、辅币。广义上指所有以外国货币表示的、能够用于国际结算的支付凭证。包括外国货币,外币有价证券、外币收支凭证和其他外汇资金。《小企业会计准则》规定,记账本位币以外的货币,统称为外币。

【例题1·单项选择题】 我国某小企业记账本位币为欧元,下列说法中,错误的是( )。

A. 该企业以人民币计价和结算的交易属于外币交易

B. 该企业以欧元计价和结算的交易不属于外币交易

C. 该企业编报的货币为欧元

D. 该企业编报的货币为人民币

【答案】 C

【解析】《小企业会计准则》规定,记账本位币以外的货币,统称为外币。

《小企业会计准则》第七十五条规定,小企业应当选择人民币作为记账本位币。业务收支以人民币以外的货币为主的小企业,可以选定其中一种货币作为记账本位币,但编报的财务报表应当折算为人民币财务报表。

【例题 2·单项选择题】 在进行外币业务的会计处理时,所指的外币的含义是(   )。

A. 本国货币以外的货币　　　　　　B. 用于进出口结算的货币

C. 记账本位币以外的货币　　　　　D. 美元

【答案】 C

【解析】《小企业会计准则》规定,记账本位币以外的货币,统称为外币。

二、记账本位币

记账本位币是指企业经营所处的主要经济环境中的货币。通常这一货币是企业主要收、支现金的经济环境中的货币。《小企业会计准则》第七十五条规定,小企业应当选择人民币作为记账本位币。业务收支以人民币以外的货币为主的小企业,可以选定其中一种货币作为记账本位币,但编报的财务报表应当折算为人民币财务报表。

【例题 3·多项选择题】 小企业选定记账本位币,应当考虑的因素有(   )。

A. 该货币主要影响商品和劳务的销售价格,通常以该货币进行商品和劳务的计价和结算

B. 该货币主要影响商品和劳务所需人工、材料和其他费用,通常以该货币进行上述费用的计价和结算

C. 融资活动获得的货币以及保存从经营活动中收取款项所使用的货币

D. 影响当期汇兑差额数额的大小

【答案】 ABC

【解析】 小企业记账本位币的选定,应当考虑以下因素:

(1) 从日常活动收入现金的角度看,所选择的货币能够对企业商品和劳务销售价格起主要作用,通常以该货币进行商品和劳务销售价格计价和结算。

(2) 从日常活动支出现金的角度看,所选择的该货币能够对商品和劳务所需人工、材料和其他费用产生主要影响,通常以该货币进行这些费用的计价和结算。

(3) 融资活动获得的资金以及保存从经营活动中收取款项时所使用的货币。

三、外币业务

外币业务指企业以记账本位币以外的其他货币进行款项收付、往来结算的经济业务,主要包括企业购买和销售以外币计价的商品或劳务、企业借入或借出外币资金、企业承担或清偿以外币计价的债务等。

【例题 4·多项选择题】 以国内某小企业是进出口企业,以欧元作为记账本位币,企业在发生的下列业务中,属于外币业务的有(   )。

A. 在国内采购原材料　　　　　　B. 在香港资本市场上募集资金

C. 出口产品到欧洲   D. 接受美国风险资本的投资

E. 接受欧洲某基金的投资

【答案】　ABD

【解析】　《小企业会计准则》规定记账本位币以外的货币,统称为外币。外币业务可以概括为以下几种:①外币现金及银行存款的收付业务;②在以外币结算的各种应收应付等业务;③在不同货币之间的兑换业务;④接受外币资本投资业务;⑤企业对发生的外币账户期末余额的调整业务等。因此答案为 A、B、D。

1. 外币账户设置

在核算外币业务时,小企业应当设置相应的外币账户,包括外币现金、外币银行存款以及以外币结算的债权和债务账户。外币结算的债权账户包括应收账款、应收票据和预付账款等;外币结算的债务账户包括短期借款、长期借款、应付账款、应付票据、应付职工薪酬、预收账款等。不允许开立现汇账户的小企业,可以设置外币现金和外币银行存款以外的其他外币账户。

【例题 5·多项选择题】　以下属于非货币性项目的是(　　　)。

A. 交易性金融资产   B. 长期股权投资

C. 资本公积   D. 固定资产

【答案】　ABCD

【解析】　这 4 个选项都属于外币现金、外币银行存款以及以外币结算的债权和债务账户。

2. 外币兑换业务

外币兑换业务是指企业从银行等金融机构购入外币(对银行来说,是卖出外币),或向银行等金融机构售出外币(对银行来说,则是买入外币),以及用一种外币兑换另一种外币的业务。小企业发生的外币兑换业务或涉及外币兑换的交易或事项,应当以交易实际采用的汇率,即银行买入外币汇率或卖出外币汇率折算。由于汇率变动产生的折算损失计入"财务费用",收益计入"营业外收入"。

【例题 6·业务题】　国内某小企业以人民币为记账本位币,按即期汇率进行折算。本期用 1 000 欧元兑换港币。兑换当日欧元的即期汇率为 1 欧元=10.53 元人民币,港币的即期汇率为 1 港币=0.94 元人民币;银行欧元的买入和卖出汇率分别为 1 欧元=10.48 元人民币和 1 欧元=10.52 元人民币,港币的买入和卖出汇率分别为 1 港币=0.918 元人民币和 1 港币=0.925 元人民币。要求:进行企业账务处理。

【解析】　首先按外汇指定银行的欧元买入汇率、港币卖出汇率来计算 1 000 欧元可兑换港币 11 329.73 元(1 000×10.48÷0.925);然后按当日的即期汇率 1 欧元=10.53 元人民币和 1 港币=0.94 元人民币,将欧元和港币折合为人民币金额,两者之差计入汇兑损益。

借:银行存款——港币户   10 649.95

  贷:银行存款——欧元户   10 530.00

    营业外收入——汇兑收益   119.54

3. 接受外币投资

小企业收到投资者以外币投入的资本,无论是否有合同约定汇率,均不得采用合同约定汇率和平均汇率,而是采用交易日即期汇率折算,外币投入资本与相应的货币性项目的记账本位币金额相等,不产生外币资本折算差额。

【例题 7·业务题】 国内甲小企业 2 月 16 日,收到国外的投资 500 万美元,合同约定的汇率为 1 美元＝6.8 元人民币,款项已收到,当日的市场汇率为 1 美元＝6.53 元人民币。要求:甲小企业的账务处理分录。

借:银行存款——美元户   32 650 000

    贷:实收资本   32 650 000

四、汇兑损益

汇兑损益是发生的外币业务折算为记账本位币记账时,同一笔外币金额在不同时间采用不同汇率而产生的记账本位币的差额;不同货币兑换时,不同货币采用的汇率不同而产生的折算为记账本位币的差额。

汇兑损益产生于以下两种情形:一种是在进行货币交易(即外汇兑换业务)时所产生的汇兑损益;另一种是在持有外币货币性资产和负债期间,由于汇率变动而引起的外币货币性资产或负债而发生的损益。

【例题 8·多项选择题】 以下说法中,正确的有( )。

A. 当期末即期汇率上升时,应收账款账户会产生汇兑收益

B. 当期末即期汇率上升时,实收资本账户会产生汇兑收益

C. 当期末即期汇率下降时,长期借款账户会产生汇兑收益

D. 当期末即期汇率下降时,应付账款账户会产生汇兑收益

【答案】 ACD

【解析】 对于外币性资产(如外币银行存款、应收账款等)来说,在汇率上升时,会产生汇兑收益;在汇率下降时,会产生汇兑损失。外币货币性负债则完全相反,在汇率上升时,产生汇兑损失;在汇率下降时,产生汇兑收益。

【例题 9·单项选择题】 我国某小企业以人民币为记账本位币,本月 15 日将其中的 3 000 美元售给中国银行,当时中国银行美元买入汇率为 1 美元＝6.20 元人民币,卖出汇率为 1 美元＝6.24 元人民币,当日即期汇率为 1 美元＝6.22 元人民币。小企业售出该笔美元时应确认的汇兑损失为( )元人民币。

A. 60   B. 200   C. 140   D. 0

【答案】 A

【解析】 小企业发生的外币兑换业务或涉及外币兑换的交易或事项,应当以交易实际采用的汇率,即银行买入价或卖出价折算。由于汇率变动产生的折算损失计入"财务费用"科目,收益计入"营业外收入"科目。

借:银行存款——人民币户   18 600

    财务费用——汇兑损失   60

    贷:银行存款——美元户   18 660

【例题 10·单项选择题】 我国某小企业对外币业务采用交易发生日的即期汇率进行折算,按月计算汇兑损益。2×19 年 6 月 20 日从境外购买零配件一批,价款总额为 800 万美元,货款尚未支付,当日的市场汇率为 1 美元＝6.24 元人民币。6 月 30 日的市场汇率为 1 美元＝6.21 元人民币。7 月 31 日市场汇率为 1 美元＝6.25 元人民币,该外币债务 7 月份发生的汇

兑损失为（　　）万元人民币。

    A. —24　　　　　　　B. —32　　　　　　　C. 32　　　　　　　D. 24

【答案】　C

【解析】　《小企业会计准则》第七十七条规定,小企业在资产负债表日,外币货币性项目,采用资产负债表日的即期汇率折算。因资产负债表日即期汇率与初始确认时或者前一资产负债表日即期汇率不同而产生的汇兑损失,计入当期损益。

逐笔核算货币性外币账户上汇率发生的外币金额的价值变动额,而对汇率没有发生变动的外币金额不予考虑。其计算公式是:某个货币性外币账户发生的汇兑损益＝该账户期初的外币金额×(期末汇率—期初汇率)＋该账户本期增加的外币金额×(期末汇率—业务发生时的市场汇率)—该账户本期减少的外币金额×(期末汇率—业务发生时的市场汇率),上述结果若为正值,表示外币货币性资产账户发生的是汇兑收益,外币货币性负债账户发生的是汇兑损失;若为负值,则相反。

6 月 20 日:

    借:原材料　　　　　　　　　　　　　　　　　　　　　　　　　　4 992

        贷:应付账款——美元户　　　　　　　　　　　　　　　　　　　　4 992

6 月 30 日:

    应付账款汇兑损益＝800×(6.21—6.24)＝—24(万元)＜0,因此减少应付账款美元户账面价值。

    借:应付账款——美元户　　　　　　　　　　　　　　　　　　　240 000

        贷:营业外收入——汇兑收益　　　　　　　　　　　　　　　　240 000

7 月 31 日:

    应付账款汇兑损益＝800×(6.25—6.21)＝32(万元)＞0,因此增加应付账款美元户账面价值。

    借:财务费用——汇兑损失　　　　　　　　　　　　　　　　　　320 000

        贷:应付账款——美元户　　　　　　　　　　　　　　　　　　320 000

思考与练习

一、单项选择题

    1. 小企业在核算外币业务时应当设置外币账户,下列不属于外币账户的是(　　)。

    A. "应收账款"　　　　　　　　　　　B. "长期借款"

    C. "应付职工薪酬"　　　　　　　　　D. "主营业务收入"

    2. 小企业接受外币资本投资,相应的资产账户,一律按(　　)进行折算。

    A. 合同约定汇率　　　　　　　　　　B. 当日的即期汇率

    C. 期初汇率　　　　　　　　　　　　D. 期末汇率

    3. 我国目前采用的外汇标价方法是(　　)。

    A. 期初汇率　　　　　　　　　　　　B. 现行汇率

C. 直接标价法　　　　　　　　　　D. 间接标价法

4. 我国小企业发生的外币业务,除下列(　　)业务外,均可以用业务发生当日的即期汇率作为折算汇率。

A. 外币交易　　　　　　　　　　B. 外币借款

C. 以外币结算的债权与债务　　　D. 美元兑换港元

5. 外币统账法下,除(　　)业务以外,每一笔外币业务在平时不确认汇兑损益,在期末终了才确认。

A. 外币投资　　　　　　　　　　B. 外币兑换

C. 外币交易　　　　　　　　　　D. 外币借款

6. 我国一小针织企业以外国货币作为记账本币进行账务处理。该企业原先的主要客户在美国,但由于美国对我国的纺织品配额减少,限制了该企业对美国的出口,同时欧盟加大了对我国纺织品的采购,预计该趋势将持续数年。另外,该企业的针织制品在新加坡也广受青睐。结合情况分析,该企业应选择(　　)作为记账本位币。

A. 人民币　　　　　　　　　　B. 美元

C. 欧元　　　　　　　　　　　D. 新加坡元

7. 国内某小企业以港币作为记账本位币,采用发生日的即期汇率作为记账汇率。长期借款期初余额如表 9-1 所示。

表 9-1　　　　　　　　　　　　　　　长期借款期初余额

外币金额(US$)	外币汇率	港币金额(HKD)
60 000	7.78	466 800

本期向银行申请长期借款 40 000 美元,用来厂房的建设。当日即期汇率为 1 美元＝6.24 元人民币,1 港币＝0.84 元人民币。期末即期汇率为 1 美元＝6.234 元人民币,1 港币＝0.83 元人民币。本期长期借款外币账户影响利润总额为(　　)元。

A. 增加 10 790　　　　　　　　B. 减少 10 790

C. 增加 10 800　　　　　　　　D. 减少 10 800

8. 国内某小企业以人民币为记账本位币,采用发生日即期汇率作为记账汇率。本期用 10 000 美元用于进口一批材料。当日美元的即期汇率 1 美元＝6.45 元人民币,合同约定汇率为 1 美元＝6.56 元人民币,银行买入汇率和卖出汇率分别是 1 美元＝6.435 元人民币和 1 美元＝6.376 元人民币,不考虑相关税费。则材料的入账价值为(　　)元人民币。

A. 64 500　　　B. 65 600　　　C. 64 350　　　D. 63 760

9. 国内某小企业以人民币为记账本位币,采用发生日即期汇率作为记账汇率。6 月 24 日,以 1 000 美元购入 B 种股票,当日的即期汇率为 1 美元＝6.432 元人民币。6 月 30 日,该股票的公允价值为 1 020 美元,即期汇率为 1 美元＝6.40 元人民币,则 B 种股票公允价值变动(　　)。

A. 增加 96 元　　　　　　　　B. 减少 96 元

C. 增加 128 元　　　　　　　　D. 减少 128 元

10. 国内某小企业以人民币为记账本位币。17 日,用 8 000 美元兑换成港币,当日的即期汇率为 1 美元＝7.07 元人民币,1 港币＝0.93 元人民币,外汇指定银行美元买入汇率为 1 美元＝7.03元人民币,港币的卖出汇率为1港币＝0.94元人民币,则美元兑换港币产生的汇兑差额是(　　)。

A. 收益918.3元
B. 损失918.3元
C. 收益928.17元
D. 损失928.17元

二、多项选择题

1. 我国小企业外币业务的折算汇率可以采用(　　)。

A. 期末汇率

B. 业务发生日的即期汇率

C. 交易当期的平均汇率

D. 银行买入汇率

E. 银行卖出汇率

2. 小企业在核算外币业务时应当设置外币账户,下列属于外币账户的是(　　)。

A. 外币库存现金账户
B. 外币银行存款账户
C. 外币结算的债权账户
D. 外币结算的债务账户
E. 外币实收资本账户

3. 下列有关外币折算的表述中,正确的有(　　)。

A. 小企业收到投资者以外的资本,有合同约定汇率的,按合同约定汇率折算;没有合同约定汇率的,按收到外币资本当日的即期汇率折算

B. 小企业发生外币交易时,按照交易发生日的即期汇率或交易当期平均汇率将外币金额折算为记账本位币金额

C. 资产负债表日对外币货币性项目采用资产负债表日即期汇率折算;以历史成本计量的外币非货币性项目,采用交易发生日的即期汇率折算

D. 收到投资者以外币投入的资本,应采用交易日即期汇率折算

E. 小企业对外币财务报表折算时,应当采用资产负债表日的即期汇率对外币资产负债表、利润表和现金流量表的所有项目进行折算

4. 下列各项中,属于外币货币性项目的有(　　)。

A. "银行存款"
B. "应交税费"
C. "短期借款"
D. "应付账款"
E. "预收账款"

5. 下列科目中,在汇率上升时会产生汇兑收益;在汇率下降时,会产生汇兑损失的有(　　)。

A. "银行存款"
B. "应付账款"
C. "应交税费"
D. "预付账款"
E. "长期应付款"

三、判断题

1. 如果小企业有需要,可根据实际情况随时变更记账本位币。 (　　)

2. 在我国,即使小企业的记账本位币不是人民币,各项人民币经济业务仍不能称为外币

业务。　　　　　　　　　　　　　　　　　　　　　　　　　　　（　　）

3. 买入汇率是指客户向银行买入外汇时的价格或汇率。　　　　　（　　）

4. 按我国小企业会计准则规定,我国境内小企业在年末编制对外会计报表时须换算为人民币加以反映。以外国货币作为记账本位币的企业,因期末外币报表换算产生的差额,应在"外币报表折算差额"中反映。　　　　　　　　　　　　　　　　　（　　）

5. 在资产负债表日,小企业应当对外币货币性项目和外币非货币性项目采用资产负债表日的即期汇率折算。　　　　　　　　　　　　　　　　　　　　（　　）

四、计算及账务处理题

1. 甲小企业以人民币为记账本位币,要求对下列两笔货币兑换业务进行会计处理:

(1) 3月20日,从美元存款中支出6 000美元兑换人民币,当日即期汇率1美元=6.16元人民币,银行美元买入汇率为1美元=6.15元,卖出汇率为1美元=6.17元;

(2) 11月8日,用20 000港币向银行兑换成美元,存入美元户,当日即期汇率为1美元=6.23元人民币,港币即期汇率为1港币=0.85元人民币;银行美元买入汇率为1美元=6.24元人民币,卖出汇率为1美元=6.2元人民币;港币买入汇率为1港币=0.86元人民币,卖出汇率为1港币=0.83元人民币。

2. 国内某小企业以人民币为记账本位币,其采用即期汇率作为折算汇率。2×15年10月31日,即期汇率为1美元=6.24元人民币。11月30日即期汇率为1美元=6.23元人民币。该企业10月月末各外币账户的期初余额如表9-2所示。

表9-2　　　　　　　　　　　　　　外币账户余额表

账户名称	外币金额(US$)	外币汇率	人民币金额(¥)
银行存款——美元户	50 000	6.24	312 000
应收账款——美元户(甲企业)	9 500	6.24	59 280
应付账款——美元户(乙企业)	30 000	6.24	187 200
短期借款——美元户	1 500	6.24	9 360

11月份该企业发生如下经济业务:

(1) 2日,向甲企业出口产品一批,货款共8 000美元,货款尚未收到,当日美元的即期汇率为1美元=6.23元人民币。

(2) 5日,支付上月结欠B企业外汇账款30 000美元,当日美元的即期汇率为1美元=6.32元人民币。

(3) 7日,向C企业进口原材料一批,价款10 000美元,材料已入库,货款尚未支付,当日美元的即期汇率为1美元=6.24元人民币。

(4) 10日,收到本月向A企业出口产品的销货款并存入银行,当日美元的即期汇率为1美元=6.238元人民币。

(5) 12日,归还所欠短期借款1 500美元,当日美元的即期汇率为1美元=6.234元人民币。

(6) 13日,收回A企业上月所欠货款7 000美元,当日美元的即期汇率为1美元=6.241元人民币。

（7）17日，因资金周转所需，向银行借款1 500美元，当日美元的即期汇率为1美元＝6.334元人民币。

（8）20日，收到境外投资者投入的资本20 000美元，当日美元的即期汇率为1美元＝6.262元人民币。

（9）22日，归还前欠C企业货款10 000美元，当日美元的即期汇率为1美元＝6.26元人民币。

要求：

（1）根据上述资料，编制会计分录。

（2）登记各外币账户，并按月末即期汇率调整账面人民币余额，确认汇兑损益。

第十章 财务报表

 本章基本内容框架

财务报表概述
- 财务报表的定义
- 财务报表的构成
- 财务报表的种类
- 财务报表的编制目的、要求

资产负债表
- 资产负债表的作用
- 资产负债表的结构
- 资产负债表的内容
- 资产负债表的格式
- 资产负债表的编制
- 资产负债表项目的填列

利润表
- 利润表的结构及组成
- 利润表的编制

现金流量表
- 现金流量表的编制基础
- 现金流量表的分类
- 现金流量表的格式及编制方法

财务报表附注
- 财务报表附注概述
- 财务报表附注内容

 重点、难点讲解及典型例题

一、财务报表概述

1. 定义

财务报表是对小企业财务状况、经营成果和现金流量的结构性表述。投资者等报表使用者通过全面阅读和综合分析财务报表,可以了解和掌握企业过去和当前的状况,预测企业的未来发展趋势,从而作出相关决策。

2. 构成及种类

小企业的财务报表应当包括下列部分:资产负债表、利润表、现金流量表和财务报表附注(见表10-1)。

表 10-1　　　　　　　　　　　　　　　　财务报表种类

编　号	报表名称	编报期
会小企 01 表	资产负债表	月报、年报
会小企 02 表	利润表	月报、年报
会小企 03 表	现金流量表	月报、年报

（1）资产负债表反映小企业在某一特定日期所拥有的资产、需要偿还的债务以及投资者拥有的净资产情况。

（2）利润表反映小企业在一定会计期间的经营成果，即获利或亏损的情况，表明小企业运用所有资产的获利能力。

（3）现金流量表反映小企业在一定会计期间现金流入和现金流出的情况。

（4）附注，是指在资产负债表、利润表和现金流量表等报表中列示项目的文字描述或明细资料，以及对未能在这些报表中列示项目的说明等。

【例题 1·单项选择题】　按照《小企业会计准则》的规定，小企业应当编制的财务报表有（　　）。

A. 企业经营情况报告　　　　　　　　B. 企业获利情况报告
C. 资产负债表　　　　　　　　　　　D. 企业所得税计算表

【答案】　C

【解析】　小企业应当编制的财务报表有资产负债表、利润表和现金流量表等。

二、资产负债表的编制

资产负债表是反映小企业在某一特定日期财务状况的报表。资产负债表主要提供有关小企业财务状况方面的信息，即某一特定日期关于小企业资产、负债、所有者权益及其相互关系，是一张反映小企业在一定时点上财务状况的静态报表。

【例题 2·单项选择题】　资产负债表中资产的排列依据是（　　）。

A. 项目收益性　　　　　　　　　　　B. 项目重要性
C. 项目流动性　　　　　　　　　　　D. 项目时间性

【答案】　C

【解析】　资产负债表中资产是按照资产项目的流动性排列的。

1. "年初余额"栏的填列方法

"年初余额"栏内各项数字，应根据上年年末资产负债表"期末余额"栏内所列数字填列。

2. "期末余额"栏的填列方法

（1）根据总账科目余额填列。

如"短期投资""递延收益""实收资本"等项目，应根据各有关总账科目的余额直接填列；有些项目则需根据几个总账科目的期末余额计算填列，如"货币资金"项目，需根据"库存现金""银行存款""其他货币资金"三个总账科目的期末余额合计数填列。

（2）根据明细账科目余额计算填列。

如"应付票据及应付账款"项目，需要根据"应付票据""应付账款"和"预付账款"三个科目所属的相关明细科目的期末贷方余额计算填列;"应收票据及应收账款"项目,需要根据"应收票据""应收账款"和"预收账款"三个科目所属的相关明细科目的期末借方余额计算填列。

【例题3·单项选择题】 按照《小企业会计准则》的规定,预付账款科目明细账中若有贷方余额,应将其计入资产负债表中的( )项目。

A. "应收账款"　　　　　　　　B. "预收账款"

C. "应付票据及应付账款"　　　D. "其他应付款"

【答案】 C

【解析】 "预付账款"科目期末贷方余额,应当在"应付票据及应付账款"项目列示。

(3)根据总账科目和明细账科目余额分析计算填列。

如"长期借款"项目,需要根据"长期借款"总账科目余额扣除"长期借款"科目所属的明细科目中将在1年内到期且小企业不能自主地将清偿义务展期的长期借款后的金额计算填列。

(4)根据有关科目的余额减去其备抵科目余额后的净额填列。

如"生产性生物资产""无形资产"项目,应当根据"生产性生物资产""无形资产"科目的期末余额减去"生产性生物资产累计折旧""累计摊销"备抵科目余额后的净额填列。

(5)综合运用上述填列方法分析填列。

如"存货"项目,应根据"材料采购""在途物资""原材料""生产成本""库存商品""委托加工物资""周转材料""消耗性生物资产"等科目期末余额合计数填列。材料采用计划成本或商品采用售价金额核算的,还应按照加或减"材料成本差异""商品进销差价"后的金额填列。

【例题4·单项选择题】 税务人员在进行税收分析时需要把握资产负债表中存货所包括的范围,以下项目中,属于存货的有( )。

A. 货币资金　　　　　　　　B. 应收账款

C. 库存商品　　　　　　　　D. 应付账款

【答案】 C

【解析】 存货包括原材料、在产品和库存商品等。

(6)根据有关项目合计数填列。

如"流动资产合计""非流动资产合计""资产总计""流动负债合计""非流动负债合计""负债合计""所有者权益(或股东权益)总计""负债和所有者权益(或股东权益)总计"等项目,应根据表中的相关项目合计数填列。

(7)不得填列的项目。

资产负债表中"流动资产""非流动资产""流动负债""非流动负债""所有者权益(或股东权益)"5个项目不得填列。

三、利润表的编制

1. 定义

利润表是反映小企业在一定会计期间的经营成果的报表。由于它反映的是某一期间的情况,所以,又称为动态报表。通过利润表反映的收入、费用等情况,能够反映小企业生产经营的收益和成本耗费情况,表明小企业的经营成果。

【例题5·单项选择题】 某小企业2×19年发生业务招待费用55万元,发生财产保险费用50万元,发生差旅费80万元,发生印花税、车船税等10万元已经缴纳,发生管理用设备折旧费用 300 万元(假设等于税法折旧),发生计入成本费用的职工工资 200 万元和养老金等社会保险基金 100 万元,其中 40% 应归属于管理人员薪酬,管理人员的薪酬中有 12 万元尚未支付。本期企业所得税申报表中申报的销售(营业)收入为 1 000 万元。则该企业本期计入利润表的管理费用与可在税前扣除的管理费用分别为(　　　)万元。

A. 615　565　　　　　　　　　　B. 615　535

C. 795　565　　　　　　　　　　D. 795　553

【答案】　B

【解析】　本期计入利润表的管理费用＝55＋50＋80＋10＋300＋(200＋100)×40%＝615(万元),本期可在税前扣除的管理费用＝1 000×5‰＋50＋80＋10＋300＋(200＋100)×40%－12＝553(万元)。由于,55×60%＝33(万元),1 000×5‰＝5(万元),可扣除的业务招待费为 5 万元;工资中尚未支付的部分不能税前扣除。

2. 利润表各项目的内容及填列

利润表各项目内容及填列如表 10-2 所示。

表 10-2　　　　　　　　　　利润表各项目的内容及填列内容

项　目	填列方法
一、营业收入	＝"主营业务收入"＋"其他业务收入"
减:营业成本	＝"主营业务成本"＋"其他业务成本"
税金及附加	＝"税金及附加"
销售费用	＝"销售费用"
管理费用	＝"管理费用"－"管理费用——研究费用"
研发费用	＝"管理费用——研究费用"
财务费用	＝"财务费用"
加:其他收益	＝"其他收益"
投资收益(损失以"－"号填列)	＝"投资收益"
资产处置收益	＝"资产处置损益"
二、营业利润(亏损以"－"号填列)	推算认定
加:营业外收入	＝"营业外收入"
减:营业外支出	＝"营业外支出"
三、利润总额(亏损总额以"－"号填列)	推算认定
减:所得税费用	＝"所得税费用"
四、净利润(净亏损以"－"号填列)	推算认定

四、现金流量表的编制

1. 定义

现金流量表是指反映小企业在一定会计期间现金流入和流出情况的报表。

现金流量表应当分别经营活动、投资活动和筹资活动列报现金流量。现金流量应当分别按照现金流入和现金流出总额列报。

现金是指小企业的库存现金以及可以随时用于支付的存款和其他货币资金。

2. 现金流量的分类

现金流量表应按照经营活动产生的现金流量、投资活动产生的现金流量和筹资活动产生的现金流量分别反映。现金流量应当分别按照现金流入和现金流出总额列报。

（1）经营活动产生的现金流量。经营活动是指小企业投资活动和筹资活动以外的所有交易或者事项。

（2）投资活动产生的现金流量。投资活动是指小企业固定资产、无形资产、其他非流动资产的构建和短期投资、长期债券投资、长期股权投资及其处置活动。

（3）筹资活动产生的现金流量。筹资活动是指导致小企业资本及借款规模和构成发生变化的活动。

3. 编制方法

（1）工作底稿法。采用工作底稿法编制现金流量表，是以工作底稿为手段，以利润表和资产负债表数据为基础，对每一项目进行分析并编制调整分录，从而编制出现金流量表。

（2）T形账户法。T形账户法是以T形账户法为手段，以利润表和资产负债表数据为基础，对每一项目进行分析并编制调整分录，从而编制出现金流量表。

【例题6·单项选择题】 下列项目中，属于现金流量表所属现金的是（　　）。

A. 不能随时用于支付的银行定期存款

B. 提前通知金融企业便可支取的定期存款

C. 3个月内到期的短期债券投资

D. 6个月内到期的短期债券投资

【答案】 B

【解析】 现金流量表以现金为基础编制，在这里的现金，是指小企业的库存现金以及可以随时用于支付的存款和其他货币资金。银行存款，是指企业在金融企业随时可以用于支付的存款，即与会计核算中"银行存款"科目所包括的内容基本一致，其区别在于：如果存在金融企业的款项中不能随时用于支付的存款，如不能随时支取的定期存款，不作为现金流量表中的现金，但提前通知金融企业便可支取的定期存款，则包括在现金流量表中的现金范围内。

五、财务报表附注

小企业财务报表附注是对资产负债表、利润表、现金流量表等报表中列示项目的文字描述或明细资料，以及对未能在这些报表中列示项目的说明等。报表使用者如果要系统地了解小企业的财务状况、经营成果、现金流量和纳税情况，应当全面地阅读财务报表附注。

【例题7·单项选择题】 按照《小企业的会计准则》的规定，下列内容需要在会计报表附注中说明的是（　　）。

A. 短期投资、应收票据及应收账款、存货、固定资产项目的说明

B. 应付职工薪酬、应交税费的说明

C. 利润分配的说明

D. 对已在资产负债表和利润表中列示项目与企业所得税法规定存在差异的纳税调整过程

【答案】 ABCD

【解析】 小企财务报表附注应当按照下列顺序披露相关内容：

(1) 遵循小企业会计准则的声明。

(2) 短期投资、应收票据及应收账款、存货、固定资产项目的说明。

(3) 应付职工薪酬、应交税费项目的说明。

(4) 利润分配的说明。

(5) 用于对外担保的投资名称、账面余额及形成的原因；未决诉讼、未决仲裁以及对外提供担保所涉及的金额。

(6) 发生严重亏损的，应当披露持续经营的计划、未来经营的方案。

(7) 对已在资产负债表和利润表中列示项目与企业所得税法规定存在差异的纳税调整过程。

(8) 其他需要在附注中说明的事项。

 思考与练习

一、单项选择题

1. 在对小企业进行税收分析时，与企业所得税联系最密切的财务资料是（　　）。

A. 资产负债表　　　　　　　　　　B. 利润表

C. 会计报表附注　　　　　　　　　D. 现金流量表

2. 税务人员在进行税收分析时需要知道资产负债表是如何编制的，编制资产负债表依据的基本公式是（　　）。

A. 资产＝负债＋所有者权益

B. 收入－费用＝利润

C. 本期所有账户的借方发生额合计＝本期所有账户的贷方发生额合计

D. 所有账户的借方余额合计＝所有账户的贷方余额合计

3. 下列资产负债表项目中，其期末数可以根据若干个总账科目期末余额计算填列的有（　　）。

A. 短期投资　　　　B. 货币资金　　　　C. 应付工资　　　　D. 应交税费

4. 税务人员在进行税收分析时应当把握资产负债表中资产的构成。资产负债表中的资产类至少应当单独列示反映下列信息的有（　　）。

A. 固定资产　　　　　　　　　　　B. 应付票据及应付账款

C. 应交税费　　　　　　　　　　　D. 未分配利润

5. 税务人员在进行税收分析时应当把握资产负债表中负债的构成，资产负债表中的负债类至少应当单独列示反映下列信息的有（　　）。

A. 实收资本　　　　B. 实收股本　　　　C. 短期投资　　　　D. 短期借款

6. 利润表至少应当单独列示反映下列信息的有（　　）。

A. 货币资金　　　　　　　　　　　B. 未分配利润

C. 增值税　　　　　　　　　　　　D. 税金及附加

7. 所得税费用是（　　）中的项目。

A. 资产负债表
B. 利润表

C. 现金流量表
D. 会计报表附注

8. 利润表之所以是企业所得税分析时常用的报表,其主要原因是( )。

A. 资产负债表反映了企业的资产构成

B. 资产负债表反映了企业的负债构成

C. 资产负债表反映了企业的使用者权益构成

D. 资产负债表不反映企业所得税的计税依据

9. 净利润是利润表中的项目,小企业的净利润表示的是( )。

A. 利润总额扣除增值税后的金额

B. 利润总额扣除消费税后的金额

C. 利润总额扣除营业税后的金额

D. 利润总额扣除所得税费后的金额

10. 小企业取得的用于补偿已发生费用的政府补助,反映在利润表的( )项目。

A. 营业收入
B. 营业成本

C. 营业外收入
D. 营业外支出

11. 企业缴纳的各种税金应在财务报表中反映,反映企业缴纳税金的报表是( )。

A. 资产负债表
B. 利润表

C. 现金流量表
D. 会计报表附注

12. 按照《小企业会计准则》的规定,应收账款科目明细账中若有贷方余额,应将其记入资产负债表中的( )项目。

A. 应收票据及应收账款
B. 预收款项

C. 应付票据及应付账款
D. 其他应付款

13. 按照《小企业会计准则》的规定,预收账款科目明细账中若有借方余额,应将其记入资产负债表中的( )项目。

A. 应收票据及应收账款
B. 预收款项

C. 应付票据及应付账款
D. 其他应付款

14. 按照《小企业会计准则》的规定,资产负债表中货币资金项目中包含的项目是( )。

A. 银行本票存款
B. 银行承兑汇票

C. 商业承兑汇票
D. 短期投资

15. 某小企业应付甲公司账款明细科目贷方余额 35 000 元,应收乙公司账款明细科目贷方余额 5 000 元,预收 A 公司账款明细科目贷方余额 50 000 元,预付 B 公司账款明细科目借方余额 20 000 元。该企业月末资产负债表中"预付款项"项目的金额为( )元。

A. 90 000
B. 70 000
C. 50 000
D. 20 000

16. 某小企业原材料科目借方余额 150 万元,生产成本科目借方余额 200 万元,材料采购科目借方余额 50 万元,材料成本差异科目贷方余额 50 万元,该企业期末资产负债表中存货项目应填列的金额为( )万元。

A. 150
B. 350
C. 200
D. 400

17. 小企业利润表中的税金及附加项目反映的是( )。

A. 个人所得税
B. 城市维护建设税

C. 所得税　　　　　　　　　　　　　D. 增值税

18. 下列各项交易或事项所产生的现金流量中,不属于现金流量表中经营活动产生的现金流量的是(　　)。

A. 经营租赁固定资产收到的租金

B. 收到的教育费附加返还款

C. 支付的保险费

D. 构建固定资产、无形资产和其他非流动资产支付的现金

19. 某小企业利用 2 年期银行借款购入了一条生产线,因购进生产线而支付的借款利息属于(　　)产生的现金流量。

A. 经营活动　　　　B. 投资活动　　　　C. 筹资活动　　　　D. 汇率变动

20. 以下是小企业发生的经营业务,引起小企业现金流量净额变动的项目是(　　)。

A. 将现金存入银行

B. 取出可以随时支取的银行定期存款

C. 用固定资产抵偿债务

D. 用银行存款清偿 20 万元的债务

二、多项选择题

1. 按照《小企业会计准则》的规定,小企业财务报表总括地反映了小企业的(　　)。

A. 纳税情况　　　　B. 经营成果　　　　C. 现金流量　　　　D. 负债情况

2. 税务人员在进行税收时需要掌握资产负债表的分析方法。资产负债表项目数据的形成方法包括(　　)。

A. 根据总账科目余额直接填列

B. 根据总账科目余额计算填列

C. 根据明细科目余额计算填列

D. 根据总账科目和明细科目分析计算填列

3. 小企业资产负债表中所有者权益包括的内容有(　　)。

A. 小企业收到投资者投入资本超出其在注册资本中所占份额的部分

B. 小企业收到的应当视同销售的货物投资

C. 小企业应当缴纳给国家的各种税收

D. 小企业分配给投资人的利润

4. 下列各项对资产负债表作用的描述中,正确的有(　　)。

A. 通过编制资产负债表可以反映企业资产的构成及其状况

B. 通过编制资产负债表可以分析企业的偿债能力

C. 通过编制资产负债表可以分析企业的获利能力

D. 通过编制资产负债表可以反映企业所有者权益的情况

5. 下列各项中,影响小企业营业利润的项目有(　　)。

A. 销售费用　　　　　　　　　　　　B. 管理费用

C. 投资收益　　　　　　　　　　　　D. 所得税费用

6. 小企业发生的以下收入,同时计入利润表收入和企业所得税计税收入的有(　　)。

A. 生产企业销售自产的产品取得的收入

B. 生产企业销售外购的产品取得的收入

C. 生产企业销售生产用原材料取得的收入

D. 生产企业销售包装物取得的收入

7. 小企业发生的以下业务既是利润表的扣除项目,也是企业所得税的扣除项目,但是在计算企业所得税时可能需要进行纳税调整的项目有(   )。

A. 小企业生产经营过程中发生的业务招待费

B. 小企业销售人员出差的差旅费

C. 小企业对外宣传自己的产品发生的业务宣传费

D. 小企业季节性生产支付的临时人员的劳动报酬

8. 按照《小企业会计准则》的规定,小企业的现金流量分为(   )。

A. 经营活动产生的现金流量

B. 投资活动产生的现金流量

C. 筹资活动产生的现金流量

D. 行贿活动产生的现金流量

9. 现金流量表中的筹资活动包括(   )。

A. 偿还借款   B. 吸收投资

C. 向银行贷款   D. 分配利润

10. 按照《小企业会计准则》的规定,下列内容需要在会计报表附注中说明的是(   )。

A. 用于对外担保的资产名称、账面余额及形成原因

B. 未决诉讼、未决仲裁以及对外提供担保及所涉及的金额

C. 发生严重亏损的,披露持续经营的计划、未来经营的方案

D. 对已在资产负债表和利润表中列示项目与企业所得税法规定存在差异的纳税调整过程

三、判断题

1. 小企业的财务报表至少应当包括下列组成部分:资产负债表、利润表、现金流量表、附注、应交增值税明细表。   (   )

2. 小企业应缴纳的增值税应在利润表的税金及附加项目中反映。   (   )

3. 资产负债表中的其他应收款项目,反映小企业除应收票据及应收账款、预付账款以外的其他各种应收及暂付款项。   (   )

4. 小企业资产负债表中的无形资产项目,反映小企业无形资产的账面价值。本项目应该根据无形资产科目的期末余额减去累计摊销科目的期末余额后的金额填列。该项目的金额是否正确与税收无关。   (   )

5. 利润分配总账的年末余额不一定与相应的资产负债表中未分配项目的数额一致。
                                                                        (   )

6. 多步式利润表能够科学地揭示企业利润及构成内容的形成过程,便于对企业生产经营情况进行分析,有利于不同企业之间进行比较。   (   )

7. 按照《小企业会计准则》的规定,小企业的利润表不显示主营业务成本和其他业务成

本。 （　　）

8. 小企业对投资人分配的利润属于利润分配的范畴,不属于现金流量表的内容。 （　　）

9. 小企业处置固定资产,无形资产和其他长期资产所收回的现金净额项目属于投资活动的现金流量。 （　　）

10. 财务报表附注一般采用附表的形式对财务报表重要项目的构成及其增减变动原因与数额进行详细、具体的说明。 （　　）

四、计算及账务处理题

1. 以下是某小企业 2×19 年年底的会计科目余额表,请根据表中资料编制资产负债表(见表 10-3)。

表 10-3　　　　　　　　　　　科目余额表　　　　　　　　　　单位:元

科目名称	借方	科目名称	贷方
库存现金	6 000	短期借款	180 000
银行存库	259 300	应付票据	140 000
其他货币资金	110 000	应付账款	220 000
短期投资	90 000	其他应付款	10 000
应收票据	22 000	应付职工薪酬	47 000
应收账款	121 000	应交税费	77 700
预付账款	22 000	应付利润	50 000
其他应收款	45 000	长期借款	110 000
原材料	369 000	其中:一年内到期的长期负债	15 000
库存商品	400 000	实收资本	1 770 000
材料成本差异	−12 600	盈余公积	207 000
长期股权投资	230 000	利润分配	120 000
固定资产	470 000		
累计折旧	−96 000		
工程物资	100 000		
在建工程	270 000		
无形资产	541 000		
累计摊销	30 000		
长期待摊费用	15 000		

2. 某小企业 2×19 年度的会计科目发生额见表 10-4,请根据《小企业会计准则》的规定编制小企业利润表。

表 10-4　　　　　　　　　　　科目发生额　　　　　　　　　　单位:元

科目名称	借方发生额	贷方发生额
主营业务收入		195 621
主营业务成本	127 000	

（续表）

科目名称	借方发生额	贷方发生额
税金及附加	9 000	
销售费用	15 100	
管理费用	12 500	
财务费用	3 100	
投资收益		6 000
营业外收入		5 700
营业外支出	2 200	
所得税费用	6 800	

第一章　概　　述

一、单项选择题

1	2	3	4	5
A	B	C	D	C

【解释】

第3题:对小企业融资租入固定资产的入账价值不再要求按租赁开始日租赁资产公允价值与最低租赁付款额现值两者中较低者作为计量标准。

因此选择C。

第5题:小企业的资产应当按照成本计量,不计提资产减值准备。应收及预付款项的坏账损失应当于实际发生时计入营业外支出,同时冲减应收及预付款项,不需要设置"坏账准备"科目。

因此选择C。

二、多项选择题

1	2	3	4	5
ABCDE	ABC	ABD	ABC	BCD

【解释】

第2题:《小企业会计准则》适用于在中华人民共和国境内设立的、同时满足下列三个条件的企业(即小企业):不承担社会公众责任;经营规模较小;既不是企业集团内的母公司也不是子公司。不适用于股票或债券在市场上公开交易的小企业;金融机构或其他具有金融性质的小企业;企业集团内的母公司和子公司。

因此选择ABC。

第3题:根据小企业经济业务相对简单的特点,《小企业会计准则》减少了设置的一级科目。以资产类科目为例,少设置了"交易性金融资产""可供出售金融资产""持有至到期投资""投资性房地产""存货跌价准备""持有至到期投资减值准备""长期股权投资减值准备"等科目。

因此选择ABD。

第4题:《小企业会计准则》规定,小企业编制的财务报告只包括资产负债表,利润表,现金流量表和附注,不编制所有者权益变动表。

因此选择 ABC。

三、判断题

1	2	3	4	5
√	√	√	√	√

【解释】

第 2 题:《小企业会计准则》所界定的小企业是指在中华人民共和国境内依法设立的、符合《中小企业划型标准规定》所规定的小型企业标准的企业。

《中华人民共和国增值税暂行条例实施细则》(财政部、国家税务总局令第 50 号)第二十八条规定,小规模纳税人的标准为:①从事货物生产或者提供应税劳务的纳税人,以及以从事货物生产或者提供应税劳务为主,并兼营货物批发或者零售的纳税人,年应征增值税销售额(以下简称应税销售额)在 50 万元以下(含本数,下同)的;②除本条第一款第(一)项规定以外的纳税人,年应税销售额在 80 万元以下的。本条第一款所称以从事货物生产或者提供应税劳务为主,是指纳税人的年货物生产或者提供应税劳务的销售额占年应税销售额的比重在 50%以上。

第 5 题:《企业会计准则——基本准则》适用于所有企业,小企业在进行会计核算时,也要遵循《企业会计准则——基本准则》的要求,按照《小企业会计准则》的规定,建账建制,加强会计基础工作。

第二章 流 动 资 产

一、单项选择题

1	2	3	4	5	6	7	8	9	10
B	C	A	D	B	A	C	A	A	C
11	12	13	14	15	16	17	18	19	20
D	D	D	D	B	A	B	C	C	A	B

【解释】

第7题:小企业会计准则规定,库存现金的盘亏记入"营业外支出",但企业会计准则规定,记入"管理费用"。本题为小企业,因此选 C。

第8题:A 中的银行承兑汇票通过"应收票据"和"应付票据"科目核算。

因此选择 A。

第10题:《银行存款余额调节表》调节后的余额是银行存款的实有数。

因此选择 C。

第11题:工程物资是指企业为建造固定资产而取得的物资,记录的是尚未使用的各项工程物资的实际成本,不属于企业的存货。

资产负债表中"存货"项目,反映企业期末在库、在途和在加工中的各种存货的成本或可变现净值。

本项目应根据"材料采购""在途物资""原材料""周转材料""低值易耗品""包装物""委托加工物资""生产成本""发出商品""库存商品""委托代销商品""受托代销商品"等科目的期末余额合计,减去"受托代销商品款""存货跌价准备"科目期末余额后的金额填列。

材料采用计划成本核算,以及库存商品采用计划成本核算或售价核算的企业,还应按加或减材料成本差异、商品进销差价后的金额填列。

因此选择 D。

第12题:购入存货时支付的增值税进项税额,对于一般纳税人取得了相关凭据,可以抵扣,作为进项税额进行核算,记入"应交税费——应交增值税(进项税额)"科目。而不是计入存货的成本。

因此选择 D。

第13题:小企业投资者投入的存货的成本,应按评估确认的价值确定。

因此选择 D。

第16题:随同商品出售不单独计价的包装物,其成本记入"销售费用";随同商品出售单独计价的包装物,其收入记入"其他业务收入"科目,其成本记入"其他业务成本"科目。

因此选择 B。

第17题:出租包装物,其收入记入"营业外收入"科目。

因此选择 C。

二、多项选择题

1	2	3	4	5
ABCD	ABC	ABCD	ADE	ABCDE
6	7	8	9	10
ABC	ABCD	AB	AC	ACD

三、判断题

1	2	3	4	5
√	√	×	√	√
6	7	8	9	10
√	√	√	√	×

第 6 题：为建造固定资产而购入的材料，应计入工程物资的成本，即记入"工程物资"科目，不属于企业的存货。

因此为√。

第 7 题：存货是指企业在日常活动中持有以备出售的产成品或商品、处在生产过程中的在产品、在生产过程或提供劳务过程中耗用的材料、物料等。

存货特点之一为：存货以在正常生产经营过程中被销售或耗用为目的而取得。对于生产和销售机器设备的企业来说，成品库中的机器设备是以销售为目的，因此属于企业的存货；对于使用机器设备进行生产的企业来说，尽管机器设备为耗用的，但其使用寿命相对较长，单位价值相对较高，满足了固定资产的标准，所以应将其确认为企业的固定资产。

因此为√。

第 9 题：不计入存货成本的仓储费主要是指企业在采购入库后发生的储存费用，包括存货在加工环节和销售环节的一般仓储费用，应计入当期损益。

因此为√。

第 10 题：如果存货采用计划成本法进行日常核算，则期末存货的实际成本是指通过差异的调整而确定的存货成本。

因此为×。

四、计算及账务处理

1.

① 发现现金短缺：

借：待处理财产损溢——待处理流动资产损溢   800
 贷：库存现金   800

② 落实后账务处理：

借：其他应收款——应收现金短缺款——王丽   300
      ——应收保险赔款——平安保险公司   400
  营业外支出   100
 贷：待处理财产损溢——待处理流动资产损溢   800

2.

借：银行存款	【可收回金额】	10 000
营业外支出	【差额】	40 000
贷：应收账款	【账面余额】	50 000

3.

（1）2×19 年 3 月 2 日，购入 A 公司股票，应收现金股利＝40 000×0.20＝8 000（元）

购入股票的成本＝400 000－8 000＋5 000＝397 000（元）

账务处理为：

借：短期投资——A 公司股票		397 000
应收股利	【已宣告但尚未发放的现金股利】	8 000
贷：银行存款		405 000

（2）2×19 年 3 月 28 日，收到发放的现金股利时的账务处理为：

借：银行存款	6 000
贷：应收股利	6 000

4.

（1）2 月 12 日，赊销商品时：

借：应收账款——华美公司	58 000
贷：主营业务收入	50 000
应交税费——应交增值税（销项税额）	8 000

（2）2 月 16 日，收到货款时：

借：银行存款	58 000
贷：应收账款——华美公司	58 000

5.

（1）8 月 1 日，华夏公司收到原材料。

借：原材料	100 000
应交税费——应交增值税（进项税额）	16 000
贷：应付账款——海天公司	116 000

（2）华夏公司支付款项。

① 假设在 2×19 年 8 月 9 日支付货款。

现金折扣＝100 000×2％＝2 000（元）

实际付款金额＝116 000－2 000＝114 000（元）

借：应付账款——海天公司	【结算，全额转销】	116 000
贷：银行存款	【实际支付的金额】	114 000
财务费用	【计算的数据】	2 000

② 假设在 2×19 年 8 月 17 日支付货款。

现金折扣＝100 000×1％＝1 000（元）

实际付款金额＝116 000－1 000＝115 000(元)

借：应付账款——海天公司   116 000
  贷：银行存款   115 000
    财务费用   1 000

③ 假设在 2×19 年 8 月 26 日支付货款。

由于超过了 20 日,因此不享受现金折扣,全额支付。

借：应付账款——海天公司   116 000
  贷：银行存款   116 000

第三章　非流动资产

一、单项选择题

1	2	3	4	5	6	7	8	9	10
A	D	B	C	B	B	A	A	B	A
11	12	13	14	15	16	17	18	19	20
D	B	D	D	D	C	C	A	C	C

【解释】

第2题：外购设备属有形资产，增值税专用发票上注明的进项税额可以抵扣，记入"应交税费——应交增值税（进项税额）"科目，不计入外购固定资产的成本。

因此选择 D。

第6题：年限平均法计提的折旧，每年都是相等的。

每年计提的折旧额＝（80 000－8 000）÷12＝6 000（元）

因此选择 B。

第7题：账面价值＝20 000－15 000＝5 000（元）

因此选择 A。

第10题：小企业盘盈的固定资产记入"营业外收入"科目，按企业会计准则规定，应记入"以前年度损益调整"科目。

因此选择 A。

第11题：由于商誉无法与企业自身相分离而不具有可辨认性，因此不属于无形资产。

因此选择 D。

第12题：无形资产的使用寿命有的可确定，有的无法确定。

因此选择 B。

第14题：企业出租无形资产取得的租金收入记入"其他业务收入"科目，其摊销的金额记入"其他业务成本"科目。

因此选择 D。

第16题：企业自行研发无形资产，研究阶段的支出应费用化，即通过"研发支出——费用化支出"科目核算，在月末转入"管理费用"科目；开发阶段只有满足资本化条件的支出才资本化，构成无形资产的成本，即通过"研发支出——资本化支出"科目核算，在达到预定用途时，转入"无形资产"科目。因此本题专利权的入账价值为 50 000 元。

因此选择 C。

第17题：无形资产的残值一般为零，除非有第三方承诺在无形资产使用寿命结束时愿意以一定的价格购买该项无形资产，或者存在活跃的市场，通过市场可以得到无形资产使用寿命结束时的残值信息,并且从目前情况看,在无形资产使用寿命结束时,该市场还可能存在的情况下,可以预计无形资产的残值。

因此选择 C。

第 18 题:自 2×14 年 1 月 1 日至 2×18 年 12 月 31 日,无形资产累计摊销额＝300÷10×5＝150(万元),2×18 年 12 月 31 日无形资产的账面价值＝300－150＝150(万元),2×18 年 12 月 31 日无形资产可收回金额 80 万元,可收回金额低于账面价值,因此发生的减值 70 万元,即 2×18 年 12 月 31 日无形资产的账面价值是 80 万元。还有 5 年的摊销期,2×19 年摊销额＝80÷5＝16(万元),所以 2×19 年 12 月 31 日该无形资产的账面价值＝80－16＝64(万元)。

账面余额为"无形资产"科目的余额,即初始计量的金额 300 万元。

因此选择 A,2×19 年 12 月 31 日无形资产的账面价值 64 万元,账面余额 300 万元。

二、多项选择题

1	2	3	4	5	6	7	8	9	10
ACDE	ABD	AD	ABC	ACD	ABC	ABCD	ABD	ABC	AB
11	12	13	14	15					
ABCD	ABC	ABC	BC	ABCD					

【解释】

第 2 题:因小企业不计提减值,因此不选 C。

因此选择 ABD。

第 3 题:特别需注意的是:小企业生产车间(部门)发生的固定资产日常修理费应记入"制造费用"科目,而企业会计准则规定记入"管理费用"科目。

因此选择 AD。

第 6 题:固定资产盘亏,通过"待处理财产损溢——待处理固定资产损溢"科目核算。而固定资产的出售、报废、毁损均通过"固定资产清理"科目核算。

因此选择 ABC。

第 7 题:固定资产的出售、报废、毁损、盘亏均属于企业的非日常经营活动,因此造成的净损失应记入"营业外支出"科目。

因此选择 ABCD。

第 13 题:营业利润实际是将"营业外收入"和"营业外支出"排除在外。

A. 无形资产研究阶段的支出,通过"研发支出——费用化支出"核算,在月末转入"管理费用",影响到营业利润;

B. 无形资产开发阶段的支出,根据是否符合资本化条件分别进行费用化和资本化核算,其中不符合资产化条件的,通过"研发支出——费用化支出"核算,于月末转入"管理费用"影响到营业利润,即在开发阶段的支出,有可能影响到企业的营业利润;

C. 出租无形资产的摊销额,记入"其他业务成本"科目,影响到营业利润;

D. 无形资产的出售损益,记入"营业外收入"或"营业外支出",不影响营业利润;

E. 无形资产报废损益,记入"营业外支出"或"营业外收入"科目,不影响营业利润。

因此选择 ABC。

三、判断题

1	2	3	4	5	6	7	8	9	10
×	×	√	×	×	√	√	√	√	×
11	12	13	14	15	16	17	18	19	20
√	×	√	×	√	√	×	×	√	√
21	22	23	24	25	26	27	28	29	30
√	×	×	×	√	√	√	√	√	×

【解释】

第 2 题:改建后固定资产的入账价值＝120－60＋50－10＝100(万元)

因此为√。

第 3 题:《企业会计准则》规定,企业生产车间(部门)发生的固定资产修理费用应记入"管理费用"科目。而《小企业会计准则》规定,应记入"制造费用"科目。

因此为√。

第 4 题:不需要调整原已计提的折旧额。

因此为×。

第 10 题:接受捐赠的固定资产,记入"营业外收入"科目。

因此为×。

第 16 题:不含按照税法规定可以抵扣的增值税进项税额。

因此为×。

第 17 题:一次还本付息的长期债券投资,在债务人应付利息日按照票面利率计算的应收未收利息收入应当增加长期债券投资的账面余额,记入"长期债券投资——应计利息"科目。

因此为×。

第 18 题:通过非货币性资产交换取得的长期股权投资,应当按照换出非货币性资产的评估价值和相关税费作为成本进行计量。

因此为×。

第 22 题:生产性生物资产应当按照年限平均法计提折旧。

因此为×。

第 23 题:《小企业会计准则》第 41 条规定:无形资产应当在其使用寿命内采用年限平均法进行摊销,根据其受益对象计入相关资产成本或者当期损益。小企业不能可靠估计无形资产使用寿命的,摊销期不得低于 10 年。

因此为×。

第 24 题:《小企业会计准则》第 38 条规定,自行开发建造厂房等建筑物,相关的土地使用权与建筑物应当分别进行处理。外购土地及建筑物支付的价款应当在建筑物与土地使用权之间按照合理的方法进行分配;难以合理分配的,应当全部作为固定资产。

因此为×。

第 30 题:因 5 月 30 日为应付利息日,因此应在 5 月 30 日确认利息收入。

因此为×。

四、账务处理

1. 借：长期债券投资——面值　　　　【面值】　　　　　　　　　　100 000
　　　应收利息　　　　　　　　　　【已到付息期尚未领取的利息】　8 000
　　贷：银行存款　　　　　　　　　　【实付金额】　　　　　　　　108 000

2. 借：长期股权投资　　　　　　　　【评估价值＋相关税费】　　　718 000
　　　累计摊销　　　　　　　　　　【账面余额】　　　　　　　　150 000
　　贷：无形资产　　　　　　　　　　【账面余额】　　　　　　　　850 000
　　　应交税费　　　　　　　　　　【相关税费】　　　　　　　　　8 000
　　　营业外收入　　　　　　　　　　【差】　　　　　　　　　　　10 000

3. ① 如果华夏公司为增值税一般纳税人，则增值税可以抵扣。

借：固定资产——电子设备——戴尔电脑　　　　　　　　　　　　　　9 000
　　应交税费——应交增值税（进项税额）　　　　　　　　　　　　　1 440
　　贷：银行存款　　　　　　　　　　　　　　　　　　　　　　　　10 440

　② 如果华夏公司为小规模纳税人，则增值税进项税额不可以抵扣，需计入固定资产的初始入账成本。

借：固定资产　　　　　　　　　　　　　　　　　　　　　　　　　10 440
　　贷：银行存款　　　　　　　　　　　　　　　　　　　　　　　　10 440

4. 借：固定资产　　　　　　　　　　　　　　　　　　　　　　　200 000
　　　应交税费——应交增值税（进项税额）　　　　　　　　　　　32 000
　　贷：实收资本——东风公司　　　【份额】　　　　　　　　　　180 000
　　　资本公积——资本溢价　　　　【差额】　　　　　　　　　　52 000

5. 借：制造费用——甲车间——折旧费　　　　　　　　　　　　　　8 600
　　　　　　　　——乙车间——折旧费　　　　　　　　　　　　　12 000
　　　管理费用——折旧费　　　　　　　　　　　　　　　　　　　11 000
　　　销售费用——折旧费　　　　　　　　　　　　　　　　　　　3 000
　　　其他业务成本　　　　　　　　　　　　　　　　　　　　　　600
　　　在建工程　　　　　　　　　　　　　　　　　　　　　　　　1 000
　　贷：累计折旧　　　　　　　　　　　　　　　　　　　　　　　36 200

6.（1）将设备转入清理，注销设备的账面价值：

借：固定资产清理　　　　　　　　　【账面价值】　　　　　　　　120 000
　　累计折旧　　　　　　　　　　　　　　　　　　　　　　　　80 000
　　贷：固定资产　　　　　　　　　　　　　　　　　　　　　　　200 000

（2）清理过程：

① 发生清理费用：

借：固定资产清理　　　　　　　　　　　　　　　　　　　　　　1 500
　　贷：银行存款　　　　　　　　　　　　　　　　　　　　　　　1 500

② 收到出售价款：

应交增值税＝110 000×16％＝17 600(元)

借：银行存款 127 600
　贷：固定资产清理 110 000
　　　应交税费——应交增值税(销项税额) 17 600

(3) 结转净损益：

固定资产清理		资产处置损益	
(1)　　120 000			
(2)①　　1 500			
	110 000　(2)②		
借方余额：　11 500			
	11 500　　(3)　　11 500 →		
清理完毕，余额：0		借方余额：　38 000	

借：资产处置损益 11 500
　贷：固定资产清理 11 500

7. (1) 2×19 年 2 月份：

① 发生时：

借：研发支出——费用化支出 46 000
　贷：银行存款 46 000

② 2 月月末：

借：管理费用 46 000
　贷：研发支出——费用化支出 46 000

(2) 2×19 年 3 月：

① 发生时：

借：研发支出——费用化支出 30 000
　　　　　——资本化支出 160 000
　贷：原材料 128 000
　　　应付职工薪酬——工资 62 000

② 3 月月末：

借：管理费用 30 000
　贷：研发支出——费用化支出 30 000

(3) 2×19 年 4 月 9 日,达到预定用途：

借：无形资产——专利权 160 000
　贷：研发支出——资本化支出 160 000

第四章 负 债

一、单项选择题

1	2	3	4	5	6	7	8	9	10
D	A	B	C	A	A	B	D	C	B

【解释】

第1题:如果开出的是银行承兑汇票,还应支付银行承兑汇票的手续费,借记"财务费用"科目,贷记"银行存款"科目。

因此选择 D。

第2题:我国《小企业会计准则》第四十八条规定:"短期借款应当按照借款本金和借款合同利率在应付利息日计提利息费用,计入财务费用。"

因此选择 A。

第3题:商业承兑汇票到期,小企业无力支付票款的,按"应付票据"账面价值转入"应付账款"科目,待协商后再行处理。

因此选择 B。

第5题:小企业向购货方预收的款项,借记"银行存款"等科目,贷记"预收账款"科目。

因此选择 A。

第6题:向购货方退回多付的款项时,应借记"预收账款"科目,贷记"银行存款"科目。

因此选择 A。

第9题:在实际工作中,若小企业本月销售额未超过起征点的,免征增值税。同时,应借记"应交税费——应交增值税"科目,贷记"营业外收入——政府补助"科目。

因此选择 C。

第10题:小企业为购置或建造固定资产、无形资产和经过1年以上才能达到可销售状态的存货发生借款费用的,在有关资产购置或建造期间发生的合理的借款费用,应当作为资本性支出计入有关资产的成本。

因此选择 B。

二、多项选择题

1	2	3	4	5
BCDE	ABCDE	ABCD	BCDE	ABC

【解释】

第2题:应交税费是指小企业按照税法等规定计算的应缴纳的各种税费,包括增值税、消费税、企业所得税、城市维护建设税和教育费附加、资源税、土地增值税、城镇土地使用税、房产税、车船税、矿产资源补偿费、排污费等。

因此选择 ABCDE。

第4题:增值税属于价外税,不通过"税金及附加"科目核算。

因此选择 BCDE。

第5题:停止资本化时点:竣工决算前、达到预定用途、达到预定可销售状态前。

因此选择 ABC。

三、判断题

1	2	3	4	5
√	√	√	×	√

第4题:小企业缴纳的印花税、耕地占用税等不需要提前预计应交税费,不需要通过"应交税费"科目核算。

因此选择×。

四、计算及账务处理题

1.

(1)7月1日,甲公司取得借款 100 000 元。

借:银行存款   100 000

贷:短期借款   100 000

(2)7、8、9、10、11、12月,每月月末计提借款利息费用。

每月利息费用=100 000×6‰÷12=500(元)

借:财务费用   500

贷:应付利息   500

(3)9月月末(第三季度末),支付本季利息。

每季借款利息=500×3=1 500(元)

借:应付利息   1 500

贷:银行存款   1 500

(4)12月31日,甲公司偿还到期短期借款本金及第四季度利息。

借:短期借款   100 000

应付利息   1 500

贷:银行存款   101 500

2.

(1)甲公司销售商品。

借:应收账款   348 000

贷:主营业务收入   300 000

应交税费——应交增值税(销项税额)   48 000

(2)甲公司实际发放非货币性福利。

借：应付职工薪酬——非货币性福利　　　　　　　　　　　　　　　　34 800
　　贷：主营业务收入　　　　　　　　　　　　　　　　　　　　　　　　　30 000
　　　　应交税费——应交增值税（销项税额）　　　　　　　　　　　　　　4 800

同时结转产品成本。

借：主营业务成本　　　　　　　　　　　　　　　　　　　　　　　　　20 000
　　贷：库存商品　　　　　　　　　　　　　　　　　　　　　　　　　　20 000

（3）甲公司购进货物。

借：库存商品　　　　　　　　　　　　　　　　　　　　　　　　　　320 000
　　应交税费——应交增值税（进项税额）　　　　　　　　　　　　　　51 200
　　贷：应付账款　　　　　　　　　　　　　　　　　　　　　　　　　371 200

3.

（1）1月1日，取得借款时：

借：银行存款　　　　　　　　　　　　　　　　　　　　　　　　　1 000 000
　　贷：长期借款　　　　　　　　　　　　　　　　　　　　　　　　1 000 000

（2）购入固定资产时：

借：固定资产　　　　　　　　　　　　　　　　　　　　　　　　　　857 200
　　应交税费——应交增值税（进项税额）　　　　　　　　　　　　　134 400
　　贷：银行存款　　　　　　　　　　　　　　　　　　　　　　　　　991 600

（3）2×19年12月31日计提利息时：

借：财务费用　　　　　　　　　　　　　　　　　　　　　　　　　　76 000
　　贷：应付利息　　　　　　　　　　　　　　　　　　　　　　　　　76 000

偿还利息时：

借：应付利息　　　　　　　　　　　　　　　　　　　　　　　　　　76 000
　　贷：银行存款　　　　　　　　　　　　　　　　　　　　　　　　　76 000

（4）2×20年12月31日还本付息时：

借：应付利息　　　　　　　　　　　　　　　　　　　　　　　　　　76 000
　　长期借款　　　　　　　　　　　　　　　　　　　　　　　　　1 000 000
　　贷：银行存款　　　　　　　　　　　　　　　　　　　　　　　　1 076 000

第五章 所有者权益

一、单项选择题

1	2	3	4	5	6
A	D	A	C	A	A

【解释】

第3题:小企业资本公积的内容主要包括资本溢价(或股本溢价)等,不包括直接计入所有者权益的利得与损失。

因此选择A。

二、多项选择题

1	2	3	4	5
ABCD	AD	AC	ABCD	AC

【解释】

第2题:资本公积是指小企业收到的投资者出资额超过其在注册资本或股本中所占份额的部分。小企业资本公积的内容主要包括资本溢价(或股本溢价)等,不包括其他资本公积。小企业的资本公积主要用于转增资本,但资本公积不得用于弥补亏损。

因此选择AD。

第3题:用盈余公积转增资本、提取任意盈余公积,只是所有者权益内部各项目的增减变动,不会引起所有者权益总额变动;股东大会宣告分配利润会使所有者权益总额减少;接受投资者投入资本会使所有者权益总额增加。

因此选择AC。

三、判断题

1	2	3	4	5
×	×	×	√	√

四、计算及账务处理题

1.

（1）借：银行存款   120 000

        贷：实收资本——C   100 000

           资本公积——资本溢价   20 000

借：无形资产　　　　　　　　　　　　　　　　　　　　　　　　130 000

　　贷：实收资本——D　　　　　　　　　　　　　　　　　　　100 000

　　　　资本公积——资本溢价　　　　　　　　　　　　　　　　30 000

（2）资本公积期末余额＝4 000＋20 000＋30 000＝54 000(元)

2.

（1）借：利润分配——提取法定盈余公积　　　　　　　　　　　　10 000

　　　　　　　　　——提取任意盈余公积　　　　　　　　　　　10 000

　　　贷：盈余公积——法定盈余公积　　　　　　　　　　　　　10 000

　　　　　　　　　——任意盈余公积　　　　　　　　　　　　　10 000

（2）借：盈余公积——法定盈余公积　　　　　　　　　　　　　　50 000

　　　贷：实收资本　　　　　　　　　　　　　　　　　　　　　50 000

（3）借：利润分配——应付利润　　　　　　　　　　　　　　　　60 000

　　　贷：应付利润　　　　　　　　　　　　　　　　　　　　　60 000

（4）借：利润分配——未分配利润　　　　　　　　　　　　　　　80 000

　　　贷：利润分配——提取法定盈余公积　　　　　　　　　　　10 000

　　　　　　　　　——提取任意盈余公积　　　　　　　　　　　10 000

　　　　　　　　　——应付利润　　　　　　　　　　　　　　　60 000

第六章　收　入

一、单项选择题

1	2	3	4	5	6	7	8	9	10
D	C	A	B	D	D	B	A	C	D

【解释】

第1题：农业小企业生产和销售农产品、工业和商业小企业销售产品和商品、咨询小企业提供咨询服务、软件开发小企业为客户开发软件、安装小企业提供安装服务、存储小企业提供货物存储服务、餐饮小企业提供餐饮服务、租赁小企业出租资产、物业管理小企业向业主提供物业服务等活动，由此形成的经济利益的总流入构成收入。D属于营业外收入。

因此选择D。

第2题：收入形成的经济利益总流入的形式多种多样，既可能表现为资产的增加，如增加银行存款、应收账款；也可能表现为负债的减少，如减少预收账款；还可能表现为两者的组合，如销售实现时，部分冲减预收账款，部分增加银行存款。收入能增加资产或减少负债或者两者兼而有之。因此，根据"资产－负债＝所有者权益"的公式，小企业取得收入一定能增加所有者权益。

但是，收入扣除相关成本费用的净额，则可能增加所有者权益，也可能减少所有者权益。这里仅指收入本身导致的所有者权益的增加，而不是指收入扣除相关成本费用后的毛利对所有者权益的影响。

因此选择C。

第3题：销售折让是指小企业因售出商品的质量不合格等原因而在售价上给予的减让。小企业已经确认销售商品收入的售出商品发生的销售折让，应当在发生时冲减当期销售商品收入。

因此选择A。

第5题：出租包装物取得的收入属于营业外收入。

因此选择D。

第6题：农业小企业生产和销售农产品、工业和商业小企业销售产品和商品、咨询小企业提供咨询服务、软件开发小企业为客户开发软件、安装小企业提供安装服务、存储小企业提供货物存储服务、餐饮小企业提供餐饮服务、租赁小企业出租资产、物业管理小企业向业主提供物业服务等活动，由此形成的经济利益的总流入构成收入。D应计入营业外收入。

因此选择D。

第7题：收入只包括本小企业经济利益的流入，不包括为第三方或客户代收的款项，如小企业代收代缴的个人所得税、旅行社代客户购买门票、飞机票而收取票款等。代收的款项，一方面增加企业的资产,另一方面增加企业的负债,因此不增加企业的所有者权益,也不属于小企业的经济利益,不能作为本企业的收入。

因此选择 B。

二、多项选择题

1	2	3	4	5
ABCDE	BD	AB	BCDE	ABD

【解释】

第2题:根据《小企业会计准则》五十九条规定,通常情况下,小企业应当在发出商品且收到货款或取得收款权利时,确认销售商品收入。这一确认条件,表明小企业销售商品收入的确认应同时符合两个条件,发出商品(物权转移)和收到货款或取得收款权利(财权转移)。

因此选择 BD。

第5题:选项 C,出租包装物取得的收入属于营业外收入,选项 E,提供劳务取得的收入属于小企业的主营业务收入。

因此选择 ABD。

三、判断题

1	2	3	4	5
×	√	√	×	√

四、计算及账务处理题

小企业华夏公司 2×19 年 12 月份发生的业务账务处理如下:

1. 小企业华夏公司的会计处理如下:

(1) 12 月 1 日销售产品时:

借:应收账款　116 000

　贷:主营业务收入　100 000

　　应交税费——应交增值税(销项税额)　16 000

(2) 结算货款:

① 如 12 月 6 日买方付清货款,则按售价 100 000 元的 2% 享受 2 000 元(100 000×2%)的现金折扣,实际付款 114 000 元(116 000−2 000),应作会计分录如下:

借:银行存款　114 000

　财务费用　2 000

　贷:应收账款　116 000

② 如 12 月 17 日买方付清货款,则按售价 100 000 元的 1% 享受 1 000 元(100 000×1%)的现金折扣,实际付款 115 000 元(116 000−1 000),应作会计分录如下:

借:银行存款　115 000

　财务费用　1 000

　贷:应收账款　116 000

③ 如 12 月 25 日买方付清货款,应按全额付款:

借：银行存款　　　　　　　　　　　　　　　　　　　　　　　　116 000

　　贷：应收账款　　　　　　　　　　　　　　　　　　　　　　　　116 000

2. 12月2日,实现主营业务收入：

借：应收账款　　　　　　　　　　　　　　　　　　　　　　　　58 000

　　贷：主营业务收入　　　　　　　　　　　　　　　　　　　　　　50 000

　　　　应交税费——应交增值税（销项税额）　　　　　　　　　　　8 000

结转主营业务成本：

借：主营业务成本　　　　　　　　　　　　　　　　　　　　　　30 000

　　贷：库存商品　　　　　　　　　　　　　　　　　　　　　　　　30 000

3. 小企业华夏公司应做会计分录如下：

（1）12月3日,收到甲小企业的预付款。

借：银行存款　　　　　　　　　　　　　　　　　　　　　　　　120 000

　　贷：预收账款——甲企业　　　　　　　　　　　　　　　　　　120 000

（2）2×16年6月30日,收到剩余的货款及增值税额。

借：预收账款——甲企业　　　　　　　　　　　　　　　　　　　120 000

　　银行存款　　　　　　　　　　　　　　　　　　　　　　　　112 000

　　贷：主营业务收入　　　　　　　　　　　　　　　　　　　　　200 000

　　　　应交税费——应交增值税（销项税额）　　　　　　　　　　32 000

（3）结转商品成本：

借：主营业务成本　　　　　　　　　　　　　　　　　　　　　　60 000

　　贷：库存商品　　　　　　　　　　　　　　　　　　　　　　　　60 000

4. 委托方小企业华夏公司应做会计分录如下：

（1）发出商品时：

借：委托代销商品　　　　　　　　　　　　　　　　　　　　　　120 000

　　贷：库存商品　　　　　　　　　　　　　　　　　　　　　　　　120 000

（2）收到代销清单时：

借：应收账款——乙公司　　　　　　　　　　　　　　　　　　　116 000

　　贷：主营业务收入　　　　　　　　　　　　　　　　　　　　　100 000

　　　　应交税费——应交增值税（销项税额）　　　　　　　　　　16 000

借：主营业务成本　　　　　　　　　　　　　　　　　　　　　　60 000

　　贷：委托代销商品　　　　　　　　　　　　　　　　　　　　　　60 000

代销手续费金额＝100 000×10％＝10 000（元）

借：销售费用　　　　　　　　　　　　　　　　　　　　　　　　10 000

　　贷：应收账款——乙公司　　　　　　　　　　　　　　　　　　10 000

（3）收到货款时：

| 借：银行存款 | 106 000 | |
| 贷：应收账款——乙公司 | | 106 000 |

5. 小企业华夏公司的会计处理如下：

（1）销售实现时：

借：应收账款	11 600	
贷：主营业务收入		10 000
应交税费——应交增值税（销项税额）		1 600

（2）发生销售折让时：

借：主营业务收入	500	
应交税费——应交增值税（销项税额）	80	
贷：应收账款		580

（3）实际收到货款时：

| 借：银行存款 | 11 020 | |
| 贷：应收账款 | | 11 020 |

6. 小企业华夏公司的账务处理如下：

（1）设备发出，结转成本时：

| 借：发出商品 | 1 200 000 | |
| 贷：库存商品 | | 1 200 000 |

（2）实际发生安装费用时：

| 借：劳务成本——安装成本 | 31 000 | |
| 贷：应付职工薪酬 | | 31 000 |

（3）确认销售设备收入和提供劳务收入时：

借：应收账款——甲公司	2 320 000	
贷：主营业务收入——电梯		1 950 000
——安装劳务		50 000
应交税费——应交增值税（销项税额）		320 000

（4）结转销售商品成本和安装成本时：

| 借：主营业务成本——电梯 | 1 200 000 | |
| 贷：发出商品——电梯 | | 1 200 000 |

| 借：主营业务成本——安装劳务 | 31 000 | |
| 贷：劳务成本——安装劳务 | | 31 000 |

第七章 费 用

一、单项选择题

1	2	3	4	5	6	7	8	9	10
B	D	B	D	A	B	C	B	A	B

【解释】

第4题:小企业计提的车间用固定资产折旧30万元,发生车间管理人员工资40万元均应计入制造费用,不能直接列为期间费用。

因此选择D。

第9题:小企业发生的业务招待费应计入管理费用核算,不再区分具体的使用部门和用途。

因此选择A。

二、多项选择题

1	2	3	4	5
BE	ABC	ABCDE	AD	ABC

【解释】

第4题:B选项,随同商品出售单独计价的包装物成本应计入其他业务支出;C选项,出售原材料的成本应计入其他业务支出;E选项,库存商品的销售成本应计入主营业务成本。

因此选择AD。

第5题:D选项,外币借款产生的汇兑收益应计入营业外收入;E选项,销售货款产生的坏账损失应计入营业外支出。

因此选择ABC。

三、判断题

1	2	3	4	5
√	×	√	×	×

四、计算及财务处理

1.

借:税金及附加	58 300
贷:应交税费——应交消费税	53 000
——应交城市维护建设税	3 710
——应交教育费附加	1 590

2.

借：生产成本——基本生产成本——甲产品——直接人工   430 000

          ——辅助生产成本——机修车间——职工薪酬   8 000

  制造费用——一车间——职工薪酬   30 000

  管理费用——职工薪酬   80 000

  销售费用——职工薪酬   12 000

  贷：应付职工薪酬——工资   560 000

3.

借：库存商品——甲产品   276 000

        ——乙产品   194 000

  贷：生产成本——基本生产成本——甲产品——××   276 000

                ——乙产品——××   194 000

4.

借：本年利润   230 000

  贷：销售费用   127 000

    管理费用   76 000

    财务费用   27 000

第八章　利润及利润分配

一、单项选择题

1	2	3	4	5
A	D	D	D	A

【解释】

第1题:净利润=[280(营业利润)+40(营业外收入)-20(营业外支出)]×(1-25%)=225(万元)。

因此选择 A。

第2题:管理用固定资产计提折旧应计入管理费用;固定资产盘亏损失和罚款支出应计入营业外支出。所以营业利润=150-80-5+10=75(万元)。

因此选择 D。

第3题:2×18 年发生亏损 200 万元允许税前弥补;国债利息收入 20 万元是免税收入,应纳税调减;税收滞纳金罚款 30 万元不允许抵扣,应纳税调增。

所以应纳税所得额=500-20+30-200=310(万元),所得税费用=应纳税额=310×25%=77.5(万元)。

因此选择 D。

二、多项选择题

1	2	3	4	5
ABD	ABC	ABD	ADCD	ABCD

三、判断题

1	2	3	4	5	6
√	√	√	×	√	√

四、计算及账务处理题

1.

(1) ① 借:银行存款　　　　　　　　　　　　　　　　　　　　　　232 000

　　　　贷:主营业务收入　　　　　　　　　　　　　　　　　　　200 000

　　　　　　应交税费——应交增值税(销项税额)　　　　　　　　 32 000

　　借:主营业务成本　　　　　　　　　　　　　　　　　　　　 160 000

　　　　贷:库存商品　　　　　　　　　　　　　　　　　　　　　 160 000

②借：应收票据　　　　　　　　　　　　　　　　　　　　　　11 600
　　贷：其他业务收入　　　　　　　　　　　　　　　　　　　　10 000
　　　　应交税费——应交增值税（销项税额）　　　　　　　　　 1 600

借：其他业务成本　　　　　　　　　　　　　　　　　　　　　 6 000
　贷：原材料　　　　　　　　　　　　　　　　　　　　　　　 6 000

③借：银行存款　　　　　　　　　　　　　　　　　　　　　　31 800
　　　累计摊销　　　　　　　　　　　　　　　　　　　　　　 4 000
　　贷：无形资产　　　　　　　　　　　　　　　　　　　　　20 000
　　　　资产处置损益　　　　　　　　　　　　　　　　　　　14 000
　　　　应交税费——应交增值税（销项税额）　　　　　　　　　 1 800

④借：应付账款　　　　　　　　　　　　　　　　　　　　　　50 000
　　贷：营业外收入　　　　　　　　　　　　　　　　　　　　50 000

⑤借：管理费用　　　　　　　　　　　　　　　　　　　　　　 8 000
　　　销售费用　　　　　　　　　　　　　　　　　　　　　　 4 000
　　　财务费用　　　　　　　　　　　　　　　　　　　　　　 5 000
　　贷：银行存款　　　　　　　　　　　　　　　　　　　　　17 000

⑥借：营业外支出　　　　　　　　　　　　　　　　　　　　　10 000
　　贷：待处理财产损溢　　　　　　　　　　　　　　　　　　10 000

（2）营业利润＝200 000－160 000＋10 000－6 000＋14 000－8 000－4 000－5 000＝41 000（元）

利润总额＝41 000＋50 000－10 000＝81 000（元）

2.

（1）应纳税所得额＝90＋10－2＝98（万元）

应交所得税＝98×25%＝24.5（万元）

确认所得税费用时：

借：所得税费用　　　　　　　　　　　　　　　　　　　　　 245 000
　贷：应交税费——应交所得税　　　　　　　　　　　　　　 245 000

结转所得税费用时：

借：本年利润　　　　　　　　　　　　　　　　　　　　　　 245 000
　贷：所得税费用　　　　　　　　　　　　　　　　　　　　 245 000

（2）净利润＝90－24.5＝65.5（万元）

借：利润分配——提取法定盈余公积　　　　　　　　　　　　 65 500
　　　　　　——提取任意盈余公积　　　　　　　　　　　　 70 000
　贷：盈余公积——法定盈余公积　　　　　　　　　　　　　 65 500
　　　　　　　——任意盈余公积　　　　　　　　　　　　　 70 000

（3）宣告向投资者分配利润时：

借：利润分配——应付利润 300 000
　　贷：应付利润 300 000

实际分配利润时：

借：应付利润 300 000
　　贷：银行存款 300 000

（4）借：利润分配——未分配利润 435 500
　　　　贷：利润分配——提取法定盈余公积 65 500
　　　　　　　　——提取任意盈余公积 70 000
　　　　　　　　——应付利润 300 000

第九章 外 币 业 务

一、单项选择题

1	2	3	4	5	6	7	8	9	10
D	B	C	D	B	C	B	A	A	B

【解释】

第 7 题:借入美元当日即期汇率 1 美元＝6.24÷0.84 港币＝7.43 港币,期末美元兑港币的汇率为 1 美元＝6.234÷0.83 港币＝7.51 港币;借入 40 000 美元可折算为 297 200 港币;期末汇兑损益根据公式:某个货币性外币账户发生的汇兑损益＝该外币账户的期末余额×期末汇率－(该外币账户期初的外币金额×期初汇率＋该账户本期增加的每笔外币金额×业务发生时的市场汇率－该账户本期减少的每笔外币金额×业务发生时的市场汇率),即可得出长期借款汇兑损益＝100 000×7.51－(60 000×7.78＋40 000×7.43)＝－13 000(港币),故减少利润 13 000×0.83＝10 790(元)。

因此选 B。

第 9 题:以公允价值计量的外币非货币性项目,如交易性金融资产(股票、基金等),采用公允价值确定日的即期汇率折算,折算后的记账本位币金额与原记账本位币金额的差额,作为公允价值变动(含汇率变动)处理,计入当期损益。因此期末 B 股票公允价值变动为 1 020×6.40－1 000×6.432＝96(元),而不是(1 020－1 000)×6.4＝128(元)。

因此选择 A。

第 10 题:首先按外汇指定银行的买入汇率、港币的卖出汇率来计算 8 000 美元可兑换59 829.79 港元(8 000×7.03÷0.94);然后按当日的即期汇率 1 美元＝7.07 元人民币和 1 港币＝0.93 元人民币,将美元和港币折合为人民币金额,即 56 560 元(8 000×7.07)和 55 641.70元(59 829.79×0.93),因此产生汇兑损失 918.3 元。

因此选择 B。

二、多项选择题

1	2	3	4	5
BC	ABCD	BCDE	ABCDE	AD

三、判断题

1	2	3	4	5
×	×	×	×	×

四、计算及账务处理题

1. （1）3 月 20 日，美元兑换人民币：

借：银行存款——人民币户　　　　　　　　　　　　　　　36 900
　　财务费用——汇兑损失　　　　　　　　　　　　　　　　60
　　贷：银行存款——美元户　　　　　　　　　　　　　　　　　36 960

（2）11 月 8 日，港币兑换美元：

借：银行存款——美元户　　　　　　　　　　　　　　　17 310.97
　　贷：银行存款——港币　　　　　　　　　　　　　　　　　17 000.00
　　　　营业外收入——汇兑收益　　　　　　　　　　　　　　　　310.97

2. （1）出口商品货款未收到：

借：应收账款——美元户　　　　　　　　　　　　　　　49 840
　　贷：主营业务收入　　　　　　　　　　　　　　　　　　49 840

（2）支付欠款：

借：应付账款——美元户　　　　　　　　　　　　　　　189 600
　　贷：银行存款——美元户　　　　　　　　　　　　　　　189 600

（3）进口材料：

借：原材料　　　　　　　　　　　　　　　　　　　　62 400
　　贷：应付账款——美元户　　　　　　　　　　　　　　　62 400

（4）收到货款：

借：银行存款——美元户　　　　　　　　　　　　　　　49 904
　　贷：应收账款——美元户　　　　　　　　　　　　　　　49 904

（5）归还短期借款：

借：短期借款——美元户　　　　　　　　　　　　　　　9 351
　　贷：银行存款——美元户　　　　　　　　　　　　　　　9 351

（6）收回欠款：

借：银行存款——美元户　　　　　　　　　　　　　　　43 687
　　贷：应收账款——美元户　　　　　　　　　　　　　　　43 687

（7）向银行借款：

借：银行存款——美元户　　　　　　　　　　　　　　　9 501
　　贷：短期借款——美元户　　　　　　　　　　　　　　　9 501

（8）接受投资：

借：银行存款——美元户　　　　　　　　　　　　　　　125 240
　　贷：实收资本　　　　　　　　　　　　　　　　　　　125 240

（9）归还材料款：

借：应付账款——美元户 62 600
　　贷：银行存款——美元户 62 600

银行存款日记账——美元户

公司名称：×小企业
科目名称：银行存款——美元户

日期		摘要	借方			贷方			余额		
月	日		美元	汇率	人民币（元）	美元	汇率	人民币（元）	美元	汇率	人民币（元）
11	1	期初余额							50 000	6.24	312 000
11	5	支付货款				30 000	6.32	189 600	20 000		122 400
11	10	收到货款	8 000	6.238	49 904				28 000		172 304
11	12	归还借款				1 500	6.234	9 351	26 500		162 953
11	13	收到货款	7 000	6.241	43 687				33 500		206 640
11	17	借款	1 500	6.334	9 501				35 000		216 141
11	20	收到资本	20 000	6.262	125 240				55 000		341 381
11	22	归还货款				10 000	6.26	62 600	45 000		278 781
11	30	汇兑损益			1 569				45 000	6.23	280 350

应收账款明细账——美元户

公司名称：×小企业
科目名称：应收账款——美元户

日期		摘要	借方			贷方			余额		
月	日		美元	汇率	人民币（元）	美元	汇率	人民币（元）	美元	汇率	人民币（元）
11	1	期初余额							9 500	6.24	59 280
11	2	出口货物	8 000	6.23	49 840				17 500		109 120
11	10	收到货款				8 000	6.238	49 904	9 500		59 216
11	13	收到货款				7 000	6.241	43 687	2 500		15 529
11	30	汇兑损益			221				2 500	6.23	15 750

应付账款明细账——美元户

公司名称：×小企业
科目名称：应付账款——美元户

日期		摘要	借方			贷方			余额		
月	日		美元	汇率	人民币（元）	美元	汇率	人民币（元）	美元	汇率	人民币（元）
11	1	期初余额							30 000	6.24	187 200
11	5	支付货款	30 000	6.32	189 600				0		−2 400
11	7	购入材料				10 000	6.24	62 400	10 000		60 000
11	22	归还货款	10 000	6.26	62 600				0		−2 600
11	30	汇兑损益				2 600		0	0	6.23	0

短期借款明细账——美元户

公司名称：×小企业

科目名称：短期借款——美元户

日期		摘要	借 方			贷 方			余 额		
月	日		美元	汇率	人民币（元）	美元	汇率	人民币（元）	美元	汇率	人民币（元）
11	1	期初余额							1 500	6.24	9 360
11	12	归还借款	1 500	6.234	9 351				0		9
11	17	借款				1 500	6.334	9 501	1 500		9 510
11	30	汇兑损益			165				1 500	6.23	9 345

期末调整分录：

借：银行存款——美元户   1 569

应收账款——美元户   221

财务费用——汇兑损失   2 600

短期借款——美元户   165

贷：应付账款——美元户   2 600

营业外收入——汇兑收益   1 955

第十章 财务报表

一、单项选择题

1	2	3	4	5	6	7	8	9	10
B	A	B	A	D	D	B	D	D	C
11	12	13	14	15	16	17	18	19	20
C	B	A	A	D	B	B	D	C	D

【解释】

第4题:固定资产属于资产类项目,应付账款和应交税费属于负债类项目,未分配利润属于所有者权益类项目。

因此选择A。

第8题:企业所得税分析时需要把握其计税依据,而资产负债表不反映企业所得税的计税依据。

因此选择D。

第14题:资产负债表中的货币资金项目包括现金、银行存款和其他货币资金三项内容,而其他货币资金包括银行本票存款、银行汇票存款、信用卡存款、信用保证金存款、存出投资款、外埠存款等。

因此选择A。

第15题:"预付款项"项目,反映小企业按照合同规定预付的款项。包括:根据合同规定预付的购货款、租金、工程款等。本项目应根据预付账款科目的期末借方余额和"应付账款"科目的期末借方余额之和分析填列。因此,月末资产负债表中"预付款项"项目的金额为20 000元。

因此选择D。

第16题:"存货"项目,反映小企业期末在库、在途和在加工中的各项存货的成本。包括:各种原材料、在产品、半成品、产成品、商品、周转材料(包装物、低值易耗品等)、消耗性生物资产等。本项目应根据"材料采购""在途物资""原材料""材料成本差异""生产成本""库存商品""商品进销差价""委托加工物资""周转材料""消耗性生物资产"等科目的期末余额分析填列。该企业期末资产负债表中"存货"项目=150+200+50-50=350(万元)。

因此选择D。

第20题:选项A和选项B属于现金内部发生的变动,不影响现金流量;选项C不影响现金流量;选项D会引起现金流量发生变动。

因此选择D。

二、多项选择题

1	2	3	4	5	6	7	8	9	10
BC	ABCD	AB	ABD	ABC	ABCD	AC	ABC	ABCD	ABCD

【解释】

第2题:资产负债表各项目的"期末余额",一般根据资产、负债和所有者权益类科目的期末余额填列,具体有:

(1) 根据总账科目余额直接填列。

(2) 根据总账科目余额计算填列。

(3) 根据明细科目余额计算填列。

(4) 根据总账科目和明细科目余额分析计算填列。

(5) 根据科目余额减去其备抵项目后的净额填列。

(6) 综合运用上述方法填列。

因此选择 ABCD。

第5题:销售费用、管理费用和投资收益都影响企业的营业利润;所得税费用不影响营业利润和利润总额,它影响企业净利润。

因此选择 ABC。

第6题:生产企业销售自产的产品取得的收入、生产企业销售外购的产品取得的收入、生产企业销售生产用原材料取得的收入、生产企业销售包装物取得的收入既是利润表收入,也是企业所得税的计税收入。

因此选择 ABCD。

第8题:小企业投资活动产生的现金流量应当单独列示反映下列信息的项目:

(1) 取得借款收到的现金。

(2) 吸收投资者投资收到的现金。

(3) 偿还借款本金支付的现金。

(4) 偿还借款利息支付的现金。

(5) 分配利润支付的现金。

因此选择 ABCD。

三、判断题

1	2	3	4	5	6	7	8	9	10
×	×	√	×	×	√	√	×	√	×

四、计算及账务处理题

1.

资 产 负 债 表　　　　　　　　　　会小企01表

编制单位:×××　　　　　　　2×19 年 12 月 31 日　　　　　　　单位:元

资　产	期末余额	年初余额	负债和所有者权益	期末余额	年初余额
流动资产:			流动负债:		
货币资金	375 300		短期借款	180 000	
短期投资	90 000		应付票据及应付账款	360 000	
应收票据及应收账款	143 000		预收账款		
预付账款	22 000		应付职工薪酬	47 000	
其他应收款	45 000		应交税费	77 700	

（续表）

资　产	期末余额	年初余额	负债和所有者权益	期末余额	年初余额
存货	756 400		其他应付款	60 000	
其中:原材料	356 400		其他流动负债	15 000	
在产品			流动负债合计	739 700	
库存商品	400 000		非流动负债:		
周转材料			长期借款	95 000	
其他流动资产			长期应付款		
流动资产合计	1 431 700		递延收益		
非流动资产:			其他非流动负债		
长期债券投资			非流动负债合计	95 000	
长期股权投资	230 000		负债合计	834 700	
固定资产	374 000				
在建工程	370 000		所有者权益(或股东权益)		
生产性生物资产			实收资本(或股本)	1 770 000	
无形资产	115 000		资本公积		
开发支出			盈余公积	207 000	
长期待摊费用	15 000		未分配利润	120 000	
其他非流动资产			所有者权益合计	2 097 000	
非流动资产合计	1 500 000				
资产合计	2 931 700		负债和所有者权益合计	2 931 700	

注:货币资金＝6 000＋259 300＋110 000＝375 300(元)
　　存货＝369 000＋400 000－12 600＝756 400(元)
　　原材料＝369 000－12 600＝356 400(元)
　　固定资产＝470 000－96 000＝374 000(元)
　　应交税费＝65 700＋12 000＝77 700(元)

2.　　　　　　　　　　　　　　**利　润　表**　　　　　　　　　　会小企02表

编制单位:×××　　　　　　　　2×19年度　　　　　　　　　　单位:元

项　　目	本年累计金额	上年金额
一、营业收入	195 621	
减:营业成本	127 000	
税金及附加	9 000	
销售费用	15 100	
管理费用	12 500	
研发费用		
财务费用	3 100	
其中:利息费用		
利息收入		
加:其他收益		

（续表）

项　目	本年累计金额	上年金额
投资收益（损失以"－"号填列）	6 000	
资产处置收益		
二、营业利润（亏损以"－"号填列）	34 921	
加：营业外收入	5 700	
减：营业外支出	2 200	
三、利润总额（亏损总额以"－"号填列）	38 421	
减：所得税费用	6 800	
四、净利润（净亏损以"－"号填列）	31 621	
（一）持续经营净利润（净亏损以"－"号填列）		
（二）终止经营净利润（净亏损以"－"号填列）		

《小企业会计》模拟试题（一）

得分 _____　　一、单项选择题(本大题共 10 小题、每小题 1 分、共 10 分,将答案填到下列表格中)

1	2	3	4	5	6	7	8	9	10

1.《小企业会计准则》规定小企业可以采用的计量方式是(　　)。

A. 现值　　　　　　　　　　　　B. 公允价值

C. 历史成本　　　　　　　　　　D. 可变现净值

2. 在建工程项目竣工决算前,试生产产品对外出售取得的收入应(　　)。

A. 计入主营业务收入　　　　　　B. 计入营业外收入

C. 冲减工程成本　　　　　　　　D. 计入其他业务收入

3.《小企业会计准则》中纳入其他货币资金核算内容的是(　　)。

A. 现金支票　　　B. 商业汇票　　　C. 委托收款　　　　D. 备用金

4. 企业代扣代缴的职工个人承担的社会保险费应通过(　　)科目进行核算。

A. 其他应收款　　　　　　　　　B. 应付职工薪酬

C. 其他应交款　　　　　　　　　D. 其他应付款

5. 下列关于小企业商品收入确认时间的说法中,错误的是(　　)。

A. 销售商品采用托收承付方式的,在办妥托收手续时确认收入。

B. 销售商品采取预收款方式的,在发出商品时确认收入。

C. 销售商品需要安装和检验的,在购买方接受商品以及安装和检验完毕时确认收入。安装程序比较简单的,可在发出商品时确认收入。

D. 销售商品采用分期收款方式的,在发出商品时确认收入。

6. 财政部规定《小企业会计准则》自(　　)年 1 月 1 日起在小企业范围内施行,鼓励小企业提前执行。

A. 2013　　　　　　B. 2012　　　　　　C. 2011　　　　　　D. 2014

7. 计提固定资产折旧时,可以先不考虑固定资产残值的方法是(　　)。

A. 双倍余额递减法　　　　　　　B. 工作量法

C. 年限平均法　　　　　　　　　D. 年数总和法

8. 预付账款情况不多的企业,可以不设"预付账款"科目,而将预付的款项直接记入的科目是( )。

A. 应付账款   B. 预收账款

C. 其他应付款   D. 应收账款

9. 以下资产中,属于小企业流动资产的是( )。

A. 长期债券投资   B. 消耗性生物资产

C. 固定资产   D. 长期股权投资

10. 某小企业 12 月主营业务收入为 150 万元,主营业务成本为 80 万元,管理用固定资产计提折旧 5 万元,固定资产盘亏为 2 万元,投资收益为 10 万元,罚款支出为 10 万元。假定不考虑其他因素,该企业当月的营业利润为( )万元。

A. 43   B. 75   C. 68   D. 65

得分	

二、多项选择题(本大题共 5 小题、每小题 1 分、共 5 分,将答案填到下列表格中)

1	2	3	4	5

1. 小企业会计准则适用于在中华人民共和国境内依法设立的、符合《中小企业划型标准规定》所规定的小型企业标准的企业。但不包括的小企业有( )。

A. 股票或债券在市场上公开交易的小企业

B. 金融机构或其他具有金融性质的小企业

C. 企业集团内的母公司和子公司

D. 民营小企业

2. 下列各项有关长期债券投资的表述中,正确的是( )。

A. 长期债券投资应当按照购买价款和相关税费作为成本进行计量

B. 实际支付价款中包含的已到付息期但尚未领取的债券利息,应当单独确认为应收利息

C. 分期付息方式的债券应收利息应作为流动资产项目

D. 分期付息方式的债券应收利息计入长期债券的账面价值

3. 小企业在销售商品或提供劳务过程中发生的下列费用,应该在销售费用中核算的是( )。

A. 业务招待费   B. 销售人员的职工薪酬

C. 商品维修费   D. 业务宣传费

4. 小企业下列各项业务应当通过"营业外收入"科目核算的有( )。

A. 转让无形资产使用权收入

B. 盘盈收益

C. 已作坏账损失处理后又收回的应收款项

D. 确实无法偿付的应付款项

5. 根据《小企业会计准则》的规定,小企业的财务报表至少应当包括有( )。

A. 资产负债表   B. 利润表   C. 现金流量表   D. 附注

| 得分 | | | 三、**判断题**(本大题共 10 小题、每小题 1 分、共 10 分,对的打√,错的打×, |

将答案填到下列表格中)

1	2	3	4	5	6	7	8	9	10

1. 小企业会计准则要求"银行存款日记账"与"银行对账单"应至少每月核对一次。
（   ）

2. 符合《中小企业划型标准规定》所规定的微型企业标准的企业参照执行《小企业会计准则》。
（   ）

3. 小企业现金清查应组成清查小组,并负责具体工作,清查人员清点现金时必须有出纳人员在场。
（   ）

4. 对于小企业自行建造的固定资产借款发生的利息支出,在达到预计可使用状态前发生的,应计入在建工程成本;在达到预计可使用状态后发生的,则应当作为当期费用处理。
（   ）

5. 根据《小企业会计准则》的规定,小企业对外进行长期股权投资,可以采用成本法,也可以采用权益法核算。
（   ）

6. 小企业发生的汇兑收益,应贷记"财务费用"科目。（   ）

7. 小企业盘盈存货实现的收益应当冲减管理费用。（   ）

8. 小企业不能可靠估计无形资产使用寿命的,可以不进行摊销。（   ）

9. 投资者投入固定资产的成本,应当按照评估价值和相关税费确定。（   ）

10. 小企业应当根据固定资产的性质和使用情况,并考虑税法的规定,合理确定固定资产的使用寿命和预计净残值。固定资产的折旧方法、使用寿命、预计净残值一经确定,不得随意变更。
（   ）

| 得分 | | | 四、**简答题**(本大题共 3 小题,每小题 10 分,共 30 分) |

1. 简述应付职工薪酬的定义及应付职工薪酬中短期薪酬具体包括的内容。

2. 什么是商业折扣、现金折扣及销售折让? 商业折扣、现金折扣及已经确认收入后发生的销售折让分别应如何正确核算?

3. 简述《小企业会计准则》中营业外支出核算的主要内容。

| 得分 | | | 五、**业务核算题**(本大题共 5 小题,第 1、2 小题每小题 8 分,第 3 小题 4 分, |

第 4 小题 10 分,第 5 小题 15 分,共 45 分)

1. A 小企业 2×19 年 1 月发生如下经济业务:

(1) 专设销售机构实行定额备用金制度,1 月 1 日核定并拨付定额备用金30 000 元。

(2) 1 月 5 日,销售部门职工李平出差,预借差旅费 2 000 元,以现金支付。

(3) 1 月 20 日,李平出差回来报销差旅费 1 500 元,交回余款 500 元。

(4) 1 月 31 日,专设销售机构报销运费 12 000 元,以现金补足定额。

假设 A 小企业没有单独设置"备用金"科目,请分别作出上述的会计分录。

2. A 小企业为增值税一般纳税人,增值税税率为 16%,原材料按实际成本计价,2×18 年

12月及2×19年1月发生的经济业务如下:

(1) 2×18年12月5日,购入甲材料一批,取得增值税专用发票上注明的买价为10 000元,增值税额为1 600元。材料已到达企业并验收入库,但款项尚未支付。

(2) 2×18年12月20日,购入丙材料一批,材料已运达企业并已验收入库,但发票账单等结算凭证尚未到达。月末时,该批原材料的结算凭证仍未到达,A小企业对该批材料估价15 000元入账。

(3) 2×19年1月初,冲回入库材料及未付材料款。

(4) 2×19年1月20日,某一客户破产,根据清算程序,有应收账款10 000元不能收回,确认为坏账损失。

要求:逐笔编制A小企业上述相关的会计分录。

3. A小企业2×19年1月1日购入B公司当日发行的2年期面值为10 000元的长期债券,年利率为10%。A小企业实际支付价款11 000元,款项均通过银行存款支付。该债券每年年末付息一次,最后1年到期还本并支付最后一次利息。假定企业按年计算利息。根据题意,回答如下问题:

(1) 作出购入长期债券的会计分录。

(2) 作出每年年末(即计息日)的会计分录。

4. A小企业2×19年以自营方式新建一幢厂房,与该厂房相关支出如下:

(1) 3月1日,为建该厂房购入工程物资一批,价款为100 000元,增值税额为16 000元,款项以银行存款支付。

(2) 3月5日,自营工程领用该批工程物资。

(3) 3月10日,自营工程领用生产的产品一批,实际成本为80 000元,销售价格为100 000元,增值税税率16%。

(4) 10月31日,结转应计入工程的工人工资50 000元。

(5) 12月20日,工程竣工决算并交付使用。

假定不考虑除增值税以外的其他相关税费。要求:逐笔编制A小企业上述业务的会计分录。

5. A小企业为增值税一般纳税人,增值税税率为16%,商品销售价格不含增值税,在确认销售收入时逐笔结转销售成本。假定不考虑其他相关税费。2×19年12月份A公司发生如下业务:

(1) 12月5日,销售原材料一批,货款为10 000元,增值税额为1 600元,款项已通过银行收妥,该批材料实际成本为8 000元。

(2) 12月10日,向甲公司销售商品一批,成本为8 000元。开出的增值税专用发票上注明的售价总额为10 000元,增值税额为1 600元。A小企业为了及早收回货款,在合同中规定的现金折扣条件为:"2/10, n/30"。

(3) 12月19日,收到甲公司扣除享受现金折扣后的全部款项,并存入银行。假定计算现金折扣时不考虑增值税。

(4) 12月20日,采用分期收款的方式向丙公司销售B产品100件,该产品的单位成本为150元,单位售价为300元,货款共计30 000元。按合同规定,货款分三次等额收回。当日收回第一期货款10 000元,销项税额1 600元,款项已存入银行。

除上述资料外,不考虑其他因素。根据题意,回答如下问题:

(1)逐笔编制 A 小企业上述业务的会计分录。(销售收入的同时结转销售成本)

(2)分析计算上述业务对 A 小企业当期资产负债表上存货的影响金额。

《小企业会计》模拟试题(二)

一、单项选择题(本大题共 10 题、每题 1 分、共 10 分,将答案填到下列表格中)

1	2	3	4	5	6	7	8	9	10

1. 财政部规定《小企业会计准则》自( )年 1 月 1 日起在小企业范围内施行,鼓励小企业提前执行。

A. 2011   B. 2012   C. 2013   D. 2014

2. 固定资产清理结束后,应将净损失转入( )科目。

A. "管理费用"   B. "制造费用"

C. "营业外支出"   D. "营业外收入"

3. 按实际成本计价,下列方法中属于发出存货计价不采用的方法是( )。

A. 个别计价法   B. 先进先出法

C. 后进先出法   D. 加权平均法

4. 预付账款情况不多的企业,可以不设"预付账款"科目,而将预付的款项直接记入的科目是( )。

A. 应付账款   B. 预收账款

C. 其他应付款   D. 应收账款

5. 某小企业为增值税一般纳税人,适用的增值税税率为 16%,适用的消费税税率为 10%。该企业委托其他单位(增值税一般纳税人)加工一批属于应税消费品的原材料,该批委托加工原材料收回后直接用于销售。发出材料的成本为 18 万元,支付不含增值税的加工费为 9 万元,支付增值税额为 1.44 万元。该批原材料已加工并验收入库,则原材料成本为( )万元。

A. 27   B. 28   C. 30   D. 31.53

6. 下列关于无形资产后续计量中,错误的是( )。

A. 企业出租的无形资产,其摊销额计入其他业务成本

B. 企业应当按月摊销无形资产,自无形资产可使用当月起开始摊销,处置当月不再摊销

C. 不能可靠估计无形资产使用寿命的,摊销期不得低于 10 年

D. 无形资产摊销直接冲减"无形资产"科目

7. 小企业代扣代缴的个人所得税,通过( )科目核算。

A. "其他应收款"   B. "其他应付款"

C. "其他业务支出"   D. "应交税费"

8. 小企业期间费用不包括( )。

A. 销售费用　　　　B. 财务费用　　　　C. 管理费用　　　　D. 制造费用

9. 小企业取得短期投资支付的价款中包含已宣告但尚未发放的现金股利应当计入( )。

A. 投资收益　　　　B. 应收股利　　　　C. 投资成本　　　　D. 资本公积

10. 下列企业中,可以执行《小企业会计准则》的有( )。

A. 企业集团内规模较小符合"小企业标准"的子公司

B. 从业人员 30 人,年营业收入 500 万元的工业企业

C. 规模较小的城市商业银行

D. 股票在证券市场上公开交易的小企业

得分	

二、多项选择题(本大题共 5 小题,每小题 1 分,共 5 分,将答案填到下列表格中)

1	2	3	4	5

1. 小企业应收及预付款项作为坏账损失应符合的条件有( )。

A. 债务人依法宣告破产、关闭、解散、被撤销,或者被依法注销、吊销营业执照,其清算财产不足清偿的

B. 债务人死亡,或者依法被宣告失踪、死亡,其财产或者遗产不足清偿的

C. 债务人逾期 3 年以上未清偿,且有确凿证据证明已无力清偿债务的

D. 因自然灾害、战争等不可抗力导致无法收回的

2. 下列属于小企业营业外支出的是( )。

A. 税收滞纳金　　　　　　　　　　B. 存货的盘亏损失

C. 赞助支出　　　　　　　　　　　D. 非流动资产处置净损失

3. 小企业应当采用( )确定发出存货的实际成本。计价方法一经选用,不得随意变更。

A. 个别计价法　　　　　　　　　　B. 后进先出法

C. 加权平均法　　　　　　　　　　D. 先进先出法

4. 《小企业会计准则》规定,"财务费用"科目核算的内容包括( )。

A. 汇兑损失　　　　　　　　　　　B. 汇兑收益

C. 银行相关手续费　　　　　　　　D. 发生的现金折扣

5. 下列关于小企业商品收入确认时间的说法中,正确的是( )。

A. 销售商品采用托收承付方式的,在办妥托收手续时确认收入

B. 销售商品采用分期收款方式的,在发出商品时确认收入

C. 销售商品采取预收款方式的,在发出商品时确认收入

D. 销售商品需要安装和检验的,在购买方接受商品以及安装和检验完毕时确认收入。安装程序比较简单的,可在发出商品时确认收入

得分 ☐　　　**三、判断题**(本大题共 10 小题,每小题 1 分,共 10 分,对的打√,错的打×,将答案填到下列表格中)

1	2	3	4	5	6	7	8	9	10

1. 符合《小企业会计准则》适用范围的小企业,必须执行《小企业会计准则》。　　(　　)

2. 根据谨慎性原则,小企业资产发生减值或跌价时,也应该计提资产减值准备。　(　　)

3. 存货发生毁损,处置收入、可收回的责任人赔偿和保险赔偿,扣除其成本、相关税费后的净额,应当记入"管理费用"科目。　　　(　　)

4. 企业长期股权投资后,当被投资企业发生盈亏时,小企业不作账务处理;当被投资企业宣告分配现金股利时,小企业应将分得的现金股利确认为投资收益。　　(　　)

5. 小企业发生毁损的固定资产的净损失,应当记入"营业外支出"科目,最终影响净利润的计算。　　　(　　)

6. 盘盈的固定资产的成本,应当按照同类或者类似固定资产的市场价格或者评估价值,扣除按照新旧程度估计的折旧后的余额确定。　　　(　　)

7. 已提足折旧的固定资产,无论是否继续使用,均不再提取折旧;但提前报废的固定资产,应补提折旧。　　　(　　)

8. 小企业应当根据固定资产的性质和使用情况,并考虑税法的规定,合理确定固定资产的使用寿命和预计净残值。这一要求与企业会计准则是一致的。　　(　　)

9.《小企业会计准则》规定,对所有的无形资产都应当摊销。　　　(　　)

10. 投资者投入无形资产的成本,应当按照市场价值和相关税费确定。　　(　　)

得分 ☐　　　**四、简答题**(本大题共 3 小题,每小题 10 分,共 30 分)

1. 简述小企业自行研发无形资产开发支出资本化条件。

2. 简述《小企业会计准则》中营业外收入核算的主要内容。

3. 简述短期薪酬的定义及短期薪酬具体包括的内容。

得分 ☐　　　**五、业务核算题**(本大题共 5 小题,第 1、3 小题每小题 6 分,第 2 小题 8 分,第 4 小题 10 分,第 5 小题 15 分,共 45 分)

1. 甲小企业为增值税一般纳税人,增值税税率为 16%,11 月 11 日,甲小企业购入一批原材料,材料已运达企业并已验收入库,但发票账单等结算凭证尚未到达。月末时,该批原材料的结算凭证仍未到达,甲小企业对该批材料估价 20 000 元入账。12 月 3 日,结算凭证到达企业,增值税专用发票上注明的原材料价款为 30 000 元,增值税进项税额为 4 800 元,运杂费 1 000 元,款项通过银行转账支付。

根据题意,回答如下问题:

(1) 作出月末对材料估价入账的会计分录。

(2) 作出次月初红字转销的会计分录。

(3) 作出结算凭证到达企业的会计分录。

2. 甲小企业 2×19 年职工薪酬的有关资料如下:

(1) 10 月,计提当月应发工资 100 000 元,其中,生产部门直接生产人员工资 50 000 元,车间管理人员工资 20 000 元,公司管理部门人员工资 20 000 元,公司专设产品销售机构人员工资 10 000 元。

(2) 11 月 10 日,结算上月应付职工薪酬 100 000 元,其中代扣为职工垫付的房租 8 000元,代扣职工个人所得税 2 000 元,实发薪酬为 90 000 元。

要求:逐笔编制 A 小企业上述会计分录。

3. 甲小企业 2×19 年 1 月 1 日购入某公司当日发行的 2 年期债券面值为 10 000元,年利率为 10%。实际支付价款 9 000 元,款项通过银行存款支付。该债券每年年末付息一次,最后 1 年到期还本并支付最后一次利息。假定企业按年计算利息。根据题意,回答如下问题:

(1) 作出购入长期债券的会计分录。

(2) 作出每年年末(即计息日)的会计分录。

(3) 作出实际收入利息的会计分录。

4. 甲小企业 2×19 年 12 月 1 日购入一台需要安装的设备,取得增值税专用发票上注明价款 10 000 元,增值税额 1 600 元,款项已通过银行存款付清,设备验收并交付安装。安装期间结转安装工人工资 2 000 元。2×19 年 12 月 28 日,安装完毕并交付使用。该设备使用 2 年后,决定停用该设备并将其出售,不含税售价为 9 000 元,出售时该设备已计提折旧额为 2 000元,假设不考虑除增值税外的其他相关的税费。根据题意,回答如下问题:

(1) 作出购入需要安装设备的会计分录。

(2) 作出结转安装期间安装工人工资的会计分录。

(3) 作出设备安装完毕并交付使用的会计分录。

(4) 作出转销设备账面价值的会计分录。

(5) 作出出售该设备的会计分录。

5. 甲小企业为增值税一般纳税人,增值税税率为 16%,商品销售价格不含增值税,在确认销售收入时逐笔结转销售成本。假定不考虑其他相关税费。2×19 年 12 月发生如下业务:

(1) 12 月 2 日,向 A 公司销售商品 1 000 件,标价总额为 10 000 元(不含增值税),商品实际成本为 5 000 元。为了促销,甲小企业给予 A 公司 10%的商业折扣并开具了增值税专用发票。甲小企业当日已发出商品,并向银行办理了托收手续。

(2) 12 月 5 日,与 B 公司签订协议,采用预收款方式向 B 公司销售一批商品。该批销售价格为 50 000 元,增值税税额为 8 000 元,实际成本为 40 000 元,B 公司签订协议时要预付50%货款(按不含增值税销售价格计算),剩余货款于 20 天后支付。预收款已收并存入银行。

(3) 12 月 25 日,收到 B 公司剩余货款存入银行,并发出商品。

(4) 12 月 25 日,将持有未到期的商业承兑汇票向银行贴现,该票据账面价值为 11 700元,取得贴现收入为 10 700 元,假设银行拥有追索权。

(5) 12 月 25 日,某一客户破产,根据清算程序,有应收账款 20 000 元不能收回,确认为坏账损失。

除上述资料外,不考虑其他因素。根据题意,回答如下问题:

逐笔编制甲小企业上述业务的会计分录。(销售收入的同时结转销售成本),分析计算上述业务对甲小企业当期资产负债表中存货的影响金额。

《小企业会计》模拟试题(一)参考答案

一、单项选择题(本大题共 10 小题,每小题 1 分,共 10 分,将答案填到下列表格中)

1	2	3	4	5	6	7	8	9	10
C	C	D	D	D	A	A	A	B	B

二、多项选择题(本大题共 5 小题,每小题 1 分,共 5 分,将答案填到下列表格中)

1	2	3	4	5
ABC	ABC	BCD	BCD	ABCD

三、判断题(本大题共 10 小题,每小题 1 分,共 10 分,对的打√,错的打×,将答案填到下列表格中)

1	2	3	4	5	6	7	8	9	10
√	√	√	×	×	×	×	×	√	√

四、简答题(本大题共 3 小题,每小题 10 分,共 30 分)

1.(本小题 10 分)

(1)概念:是指小企业为获得职工提供的服务而给予各种形式的报酬以及其他相关支出。包括:

短期薪酬、离职后福利、辞退福利和其他长期职工薪酬。 (2分)

(2)短期薪酬的包括内容:

职工工资、奖金、津贴和补贴;职工福利费; (2分)

医疗保险费、养老保险费、失业保险费、工伤保险费和生育保险费等社会保险费;住房公积金; (2分)

工会经费和职工教育经费; (2分)

短期带薪缺勤、短期利润分享计划、非货币性福利及其他短期薪酬。 (2分)

2.(本小题 10 分)

(1)商业折扣是指为了促进商业销售而在商品标价上给予的价格扣除。

现金折扣是指企业为鼓励债务人在规定期限内付款,而向债务人提供的债务扣除。 (2分)

销售折让是指小企业出售商品的质量不合格等原因而在价格上给予的减让。 (2分)

(2) 销售商品涉及商业折扣的,应当按照扣除商业折扣后的金额确定销售商品收入金额。
(2分)

销售商品涉及现金折扣的,应当按照扣除现金折扣前的金额确定销售商品收入金额。现金折扣应当在实际发生时,计入当期损益(财务费用)。 (2分)

小企业已经确认销售商品收入的售出商品发生的销售折让(不论属于本年度还是属于以前年度的销售),应当在发生时冲减当期销售商品收入。 (2分)

3.(本小题10分)

小企业的营业外支出包括:

存货的盘亏、毁损、报废损失;非流动资产处置净损失; (2分)

坏账损失;无法收回的长期债券投资损失;无法收回的长期股权投资损失; (3分)

自然灾害等不可抗力因素造成的损失;税收滞纳金;罚金、罚款; (3分)

被没收财物的损失;捐赠支出、赞助支出等。 (2分)

五、业务核算题(本大题共5小题,第1、2小题每小题8分,第3小题4分,第4小题10分,第5小题15分,共45分)

1.(本小题8分)

(1) 借:其他货币资金　　　　　　　　　　　　　　　　　　　30 000
　　　贷:库存现金　　　　　　　　　　　　　　　　　　　　　30 000　(2分)

(2) 借:其他应收款——李平　　　　　　　　　　　　　　　　　2 000
　　　贷:库存现金　　　　　　　　　　　　　　　　　　　　　2 000　(2分)

(3) 借:销售费用　　　　　　　　　　　　　　　　　　　　　1 500
　　　　库存现金　　　　　　　　　　　　　　　　　　　　　500　(2分)
　　　贷:其他应收款——李平　　　　　　　　　　　　　　　　2 000

(4) 借:销售费用　　　　　　　　　　　　　　　　　　　　　12 000
　　　贷:库存现金　　　　　　　　　　　　　　　　　　　　12 000　(2分)

2.(本小题8分)

(1) 借:原材料　　　　　　　　　　　　　　　　　　　　　10 000
　　　　应交税费——应交增值税(进项税额)　　　　　　　　1 600
　　　贷:应付账款　　　　　　　　　　　　　　　　　　　11 600　(2分)

(2) ① 12月20日
不作账务处理　　　　　　　　　　　　　　　　　　　　　　(1分)
② 12月31日,暂估入账:

借:原材料　　　　　　　　　　　　　　　　　　　　　15 000
　贷:应付账款——暂估应付账款　　　　　　　　　　　15 000　(1分)

(3) 借:原材料　　　　　　　　　　　　　　　　　　　　　15 000
　　　贷:应付账款——暂估应付账款　　　　　　　　　　15 000　(2分)

（4）借：营业外支出   10 000

    贷：应收账款   10 000   （2分）

3.（本小题4分）

（1）借：长期债券投资——面值   10 000

             ——溢折价   1 000

    贷：银行存款   11 000   （2分）

（2）借：应收利息   1 000

    贷：长期债券投资——溢折价   500

      投资收益   500   （2分）

4.（本小题10分）

（1）借：工程物资   100 000

      应交税费——应交增值税（进项税额）   9 600

      应交税费——待抵扣进项税额   6 400

    贷：银行存款   116 000   （2分）

（2）借：在建工程   100 000

    贷：工程物资   100 000   （2分）

（3）借：在建工程   80 000

    贷：库存商品   80 000

      应交税费——应交增值税（销项税额）   17 000   （2分）

（4）借：在建工程   50 000

    贷：应付职工薪酬   50 000   （2分）

（5）借：固定资产   230 000

    贷：在建工程   230 000   （2分）

5.（本小题15分）

（1）

① 借：银行存款   11 600

    贷：其他业务收入   10 000

      应交税费——应交增值税（销项税额）   1 600   （2分）

借：其他业务成本   8 000

  贷：原材料   8 000   （2分）

② 借：应收账款   11 600

    贷：主营业务收入   10 000

      应交税费——应交增值税（销项税额）   1 600   （2分）

借：主营业务成本   8 000

  贷：库存商品   8 000   （2分）

③ 借：银行存款   11 400

      财务费用   200

        贷：应收账款   11 600   (2分)

④ 借：银行存款   11 600

        贷：主营业务收入   10 000

           应交税费——应交增值税(销项税额)   1 600   (2分)

借：主营业务成本   5 000

    贷：库存商品   5 000   (2分)

(2) 上述业务对 A 小企业 2×19 年 1 月份资产负债表上存货的影响金额＝－8 000－8 000－5 000＝－21 000(元)   (1分)

《小企业会计》模拟试题(二)参考答案

一、单项选择题(本大题共 10 小题,每小题 1 分,共 10 分,将答案填到下列表格中)

1	2	3	4	5	6	7	8	9	10
C	C	C	C	A	C	D	D	D	B	B

二、多项选择题(本大题共 5 小题,每小题 1 分,共 5 分,将答案填到下列表格中)

1	2	3	4	5
ABCD	ABCD	ACD	ACD	ACD

三、判断题(本大题共 10 小题,每小题 1 分,共 10 分,对的打√,错的打×,将答案填到下列表格中)

1	2	3	4	5	6	7	8	9	10
×	×	×	√	√	√	×	×	√	√

四、简答题(本大题共 3 小题,每小题 10 分,共 30 分)

1.(本小题 10 分)

(1) 完成该无形资产以使其能够使用或出售在技术上具有可行性; (2分)

(2) 具有完成该无形资产并使用或出售的意图; (2分)

(3) 能够证明运用该无形资产生产的产品存在市场或无形资产自身存在市场,无形资产将在内部使用的,应当证明其有用性; (2分)

(4) 有足够的技术、财务资源和其他资源支持,以完成该无形资产的开发,并有能力使用或出售该无形资产; (2分)

(5) 归属于该无形资产开发阶段的支出能够可靠地计量。 (2分)

2.(本小题 10 分)

小企业的营业外收入包括:

非流动资产处置净收益;政府补助、捐赠收益; (3分)

盘盈收益;汇兑收益; (2分)

出租包装物和商品的租金收入;逾期未退包装物押金收益; (2分)

确实无法偿付的应付款项;已作坏账损失处理后又收回的应收款项;违约金收益等。 (3分)

3.(本小题 10 分)

(1) 概念:是指企业在职工提供相关服务的年度报告期间结束后 12 个月内需要全部予以支付的职工薪酬,因解除与职工的劳动关系给予的补偿除外。 (2分)

(2) 短期薪酬的包括内容:

职工工资、奖金、津贴和补贴;职工福利费; (2分)

医疗保险费、养老保险费、失业保险费、工伤保险费和生育保险费等社会保险费;住房公积金; (2分)

工会经费和职工教育经费; (2分)

短期带薪缺勤、短期利润分享计划、非货币性福利及其他短期薪酬。 (2分)

五、业务核算题(本大题共 5 小题,第 1、3 小题每小题 6 分,第 2 小题 8 分,第 4 小题 10 分,第 5 小题 15 分,共 45 分)

1.(本小题 6 分)

(1) 借:原材料   20 000

 贷:应付账款——暂估应付账款   20 000   (2分)

(2) 借:应付账款——暂估应付账款   20 000

 贷:原材料   20 000   (2分)

(3) 借:原材料   31 000

   应交税费——应交增值税(进项税额)   4 800

 贷:银行存款   35 800   (2分)

2.(本小题 8 分)

(1) 借:生产成本   50 000

   制造费用   20 000

   管理费用   20 000

   销售费用   10 000

 贷:应付职工薪酬——工资   100 000   (4分)

(2) 借:应付职工薪酬——工资   100 000

 贷:其他应收款   8 000

   应交税费——应交个人所得税   2 000

   银行存款   90 000   (4分)

3.(本小题 6 分)

(1) 借:长期债券投资——面值   10 000

 贷:银行存款   9 000

   长期债券投资——溢折价   1 000   (2分)

(2) 借:应收利息   1 000

   长期债券投资——溢折价   500

 贷:投资收益   1 500   (2分)

(3) 借:银行存款   1 000

 贷:应收利息   1 000   (2分)

4.(本小题 10 分)

(1) 借:在建工程   10 000

   应交税费——应交增值税(进项税额)   1 600

 贷:银行存款   11 600   (2分)

（2）借：在建工程   2 000

      贷：应付职工薪酬   2 000   （2分）

（3）借：固定资产   12 000

      贷：在建工程   12 000 （2分）

（4）借：固定资产清理   10 000

        累计折旧   2 000

      贷：固定资产   12 000 （2分）

（5）① 借：银行存款   10 440

       贷：固定资产清理   9 000

        应交税费——应交增值税（销项税额） 1 400 （2分）

② 借：资产处置损益   1 000

   贷：固定资产清理   1 000

5.（本小题15分）

（1）

① 借：应收账款   10 440

    贷：主营业务收入   9 000

     应交税费——应交增值税（销项税额） 1 440 （2分）

② 借：主营业务成本   5 000

   贷：库存商品   5 000 （2分）

（2）借：银行存款   25 000

    贷：预收账款   25 000 （2分）

（3）借：预收账款   25 000

     银行存款   33 000

    贷：主营业务收入   50 000

     应交税费——应交增值税（销项税额） 8 000 （2分）

  借：主营业务成本   40 000

   贷：库存商品   40 000 （2分）

（4）借：银行存款   10 700

     财务费用   1 000

    贷：短期借款   11 700 （2分）

（5）借：营业外支出   20 000

    贷：应收账款   20 000 （2分）

对甲小企业2×19年12月份资产负债表上存货的影响金额＝－5 000－40 000＝－45 000(元)（1分）